JN062857

学習者端末　活用事例付

社会科教科書の わかる教え方

3・4年

峯　明秀〈監修〉

山方貴順〈編著〉

学芸みらい社
GAKUGEI MIRAISHA

まえがき

　令和の幕開け、新型コロナウィルスの感染拡大を誰が予想したでしょう。

　会話を控え、人との間隔を十分あけなくてはならない中で、学習指導要領が示す「主体的・対話的で深い学び」をどのように実現すればよいか、多くの先生方は戸惑っているのではないでしょうか。また、日常生活で見聞きする社会の見方・考え方と、資質・能力を伸ばすための視点として掲げられた「社会的な見方・考え方」は何が違うのか、疑問に思われていることでしょう。

　本書は、そのような状況を踏まえ、今求められている社会科学習で、何を取り上げ、どのように展開するのか、教員を目指す学生から初任の先生はもちろんのこと、経験豊かな先生にとっても授業改善に役立つ内容をお届けできるよう、小学校の各学年の内容項目に沿って事例を示すことにしました。

　例えば、3年生の第2章1「身近な地域や市区町村」では、地域差に着目し市区町村の魅力を伝える学習を、子どもの"なぜ"の問いを大切にし、土地利用の様子や人口の増減を結び付けて考えられるようにしています（本書34-45頁）。3「地域の安全を守る働き」では、"安全なくらしを守る"消防署や警察署を題材として、身近な地域や市区町村の地理的環境や地域の安全を守るための諸活動の理解をどのようにすればよいのか、全国のどの校区でも取り上げられそうな事例から展開できる学習活動を所収しています（本書58-69頁）。

　また、4年生では、第3章3「自然災害から人々を守る活動」として、防災を自分事として捉え、行動することを念頭に、防災パンフレットづくりに取り組む展開を取り入れています（本書106-117頁）。4「県内の伝統や文化、先人の働き」では、『過去・現在・未来』の視点を通して変わるものと受け継がれてきたもの、変化を捉えて主権者として社会に関わる自分自身につなげられる展開を著しています（本書118-129頁）。これからの社会に生きる子どもたちにどのような資質・能力が必要なのかを、執筆者のそれぞれが学習指導要領内容に対応する❶目標とポイントとして掲げ、学習のすすめ方を❷特徴として示しています。また、単元の展開における❸資料と❹ICT活用のポイントを示すことで、見学や調査、体

験などが難しい場合でも、実感として捉えられない中で、どのように展開すればよいかを示しています。

　また、本書は、社会科では、なかなか教科書や副読本を扱えない、どう使えばよいか、わからないという悩みに応えられるようにしています。それは、小学校社会科【中学年】の基礎・基本として、地元の副読本を扱いつつも、特別な何かでなく、全国各地のどこでもありそうな、よく見聞きする事柄を取り上げて、内容を展開できるようにしています。

　学年の特徴として、３年生では、生活科からの接続として社会科との出合いを（１）目標の違い：社会について考え、よりよい在り方を求める公民的資質を、子どものうちから養うことを、そのために（２）子どもの生活体験とつなげられるような学習内容を提案しています。地図帳の活用や社会科らしい宿題もヒントになるかもしれません。３年生から４年生へは、市町から府県へと広がっていきます。自身の行動や活動範囲に重なるように社会見学や調査が取り入れられたり、高学年への橋渡しとして、直接見聞きできない他所をインターネットやICT機器を利用して学ぶ、学び方も取り入れたりしています。小学校社会科の特徴である大単元を構成する中で、社会的な見方・考え方を繰り返し、働かせられるようにしています。最終的には、別冊の【高学年】と合わせて、公民としての資質・能力の基礎を培う教科として、よりよき社会をつくる主権者として、自らが探究していく姿を求めています。

　執筆者の皆さんには、中学年の執筆者である山方貴順先生、高学年の佐々木英明先生を中心として、若い先生方に、今般の世情に即役立つような、自由で大胆な提案をお願いしました。短時間の打ち合わせでしたので、読者の皆様には、もしかすれば内容の物足りなさや、さらに詳細な資料や展開の注文があるかもしれません。是非、巻末の執筆者一覧にお目通しいただき、ご連絡していただき、令和の日本型学校教育に相応しい社会科をつくる授業研究のネットワークを広げていただければ幸いです。

令和４年９月　　　峯　明秀

第2章

3年社会科の特徴と 授業構成のポイント

第3章 4年社会科の特徴と
授業構成のポイント

序章

3・4年生の社会科で育てる新しい学力

執筆者：峯　明秀

❶ これから求められる社会科を一緒に始めましょう！

　読者の皆さんは「主体的・対話的で深い学び」をどのように実現すればよいか、日々、試行錯誤されていることでしょう。また、個別最適化な学びや協働的な学びをどのように実践すればよいのでしょうか。

　本書は、そのような現場の実態に寄り添い、一人一人の児童が、自分のよさや可能性を認識できる、また多様な人々と協働しながら豊かな人生を切り拓ける社会の担い手として、どのような実践を行えばよいかについて提案するものです。図A〜Dに変わりつつある授業・学習の姿がよく表れています。

（1）変わる教室・授業の姿

　A→B 教えるから学ぶへ、子どもたちの興味や関心に応じた学習課題への取り組みが展開されることでしょう。B→C プレゼンテーションやグループ学習にICTが活用され、一人一台端末での調べ学習も行われます。C→D 教師×子ども、子ども×子ども間での学習環境が実現し協働の学びが広がるでしょう。学

校内の通信ネットワーク環境の整備や端末の持ち帰り、デジタル教科書・教材等も工夫されることでしょう。

では、これからの子どもたちは何をどのように学んでいけばよいのでしょう。

❷ 「主体的・対話的で深い学び」を創出する学習デザイン

では、小学校社会科では、どのような学習を展開すればよいのでしょう。

【中学年：3・4年生】は1・2年生の具体的な活動や体験を通して、自立し生活を豊かにしていく生活から接続する学習をデザインすることになります。次の4つの視点から考えてみましょう。

（1）社会科授業における教科書の役割

小学校においては、主たる教材として、教科書が使用されるわけです。「教科書を教えるのか、教科書で教えるのか」という話が聞かれます。前者は、教師に教科書を読みこなす力がなければ、教科書で教えることはできません。執筆者や編集者になったつもりで、なぜこの学習課題、学習者は資料をどう読み取る、その頁でもっとも重要なことは何だろうと問いを発することが大切です。また、内容の構成は、導入における学習問題や学び方やまとめの仕方に、指導の実際を意図していることがうかがえます。どうして、その地図・写真・絵画・図表等が選択されているのかを読み取ることが鍵となるでしょう。例えば、中学年の地域学習では、児童にとって身近な人々や施設・その他の資料を扱っています。学習者が日常生活の中で見聞きしている具体的な事柄から、現実社会のどのような仕組みや構造を捉えさせようとしているのかを探ってみてください。教科書の語句として示される「○○についての知識」は授業の中で、学習者が使うことによって、知識が獲得されることになるのです。

また、本書は全国のどこでも扱える教科書だけでなく、副読本による展開を示しています。教科書がどこでも扱える最大公約数としての学習内容や各学年段階における典型的な学習活動を示しています。

他方、地域の実態を踏まえた学習内容や学習活動、時事的な資料を補充するために、各自治体では教科書に準じた副読本を作成しています。教科書における内

容と副読本を比較し、一般化できること、共通することは何か、地域の特性や実態に応じた学習材の用意や展開を工夫することが大切です。それぞれの学校の教育目標、子どもの実態、地域性など踏まえて、どのような資質・能力を求めるために、地域の財や人を有効に取り込んでいくのかを考えていくことになるでしょう。つまり、教科書を起点として、「教科書から教える」ことにほかなりません。

一般社団法人
教科書協会の
QRコード

（2）ICT活用と教科書活用の関連

　新学習指導要領を踏まえた「主体的・対話的で深い学び」の視点からの授業改善や、特別な配慮を必要とする児童生徒等の学習上の困難低減のため、紙の教科書を主たる教材として使用しながら、必要に応じて学習者用デジタル教科書を併用することができることとなりました。また、GIGAスクール構想における一人一台端末が急速に普及してきています。教員の創意工夫により、学習者用デジタル教科書×ICTを生かした学習方法が開発されてきています。

　大型の電子黒板やプロジェクター・スクリーンと組み合わせれば、①教科書の紙面を拡大して表示する、②教科書の紙面にペンやマーカーで書き込むことを簡単に繰り返す、③教科書の紙面に書き込んだ内容を保存・表示する、④教科書の紙面を機械音声で読み上げる、⑤教科書の紙面の背景色・文字色を変更する、⑥教科書の漢字にルビを振ることなどができるでしょう。そして、学習者が自身のコンピュータの画面上で、学習進度に応じて、⑦映像や音声の再生、⑧学習者自身がインターネットを利用して、調べ考えたことを表現して、それを教師や学習者間で共有するなどの実践が行われてきています。また、検索や文書・プレゼン作成アプリの他、学習に役立つクイズやパズル、ゲームなど様々なアプリを使って、気づきや学びを深める実践も本書で紹介しています。ネットワークを使った遠隔学習の実践では、双方向のビデオコミュニケーションシステム（Zoom、Teams等）により、ゲストへの質疑応答や友だちとのリアルなコミュニケーションを取り入れることが可能になってきています。学習者自身が調査・見学や体験を通して学んだことを、確かめたり、整理して発信したりする学習を展開することなのです。

地図を衛星画像で確かめる

（3）調べ活動における ICT 多用？問題

　なんだか、ICT を活用していれば、それだけで主体的で最先端の授業をしている勘違いがみられます。特に、インターネットを使って調べる学習がさかんに行われていますが、相変わらずの物知り学習に終わっていることも否めません。重要なのは、これまで以上に、個としての探究スキルを鍛える必要があるということです。

　学習者自身が「なぜ」「はてな」をいっぱいもっていること、「どうして」、「わからない」、「どうやって調べたらよいの」を考える環境を整えていることが大切です。そのためには、日ごろから気づいたことをノートする習慣や、何でも話し合える自由な教室の雰囲気をつくっていくことが大事になります。また、自分たちの暮らしの中で見たり聞いたりしたことが、社会のどんなこととつながっているのか、そして、自分自身はそのことについてどのように考えるのかを導く、授業を展開することになります。少し難しく言うと、学習者の具体的な体験から導かれた知識を、イメージを膨らませて、さらに一般化・抽象化するために、言語活動を通して、学習者が考えたことをまとめたり、表現したりするわけです。授業者は、学習者の発言や記述物に、どのような知識が使われているのか、比べたり分類したり、関連付けたりしているのか、注意深く見て取ることにほかなりません。

　例えば、中学年で、上下水道やごみの収集・処理、地域の安全を守るための消防や警察の仕事をなぜ学ばなければならないのでしょうか、読者は答えることができるでしょうか。自由な経済活動に任しておけば、皆のためにとか、公共サービスは現れてこないでしょう。そして、身近なごみの学習から、「公共」の概念がわかれば、上下水道や役所の仕事などを扱う必要がないのかもしれません。学習指導要領や教科書が示す知識、社会について、どれだけのことを知っていればよいのか、その人にとって必要な知識は何かなど、発達の段階の見極めが授業者にかかってきているのかもしれません。そのように考えると、社会の仕組みや機能、構造を理解する上で、内容における人権や平和・環境・民主主義…などについて、公正や平等、権力、自由、効率などの概念とどのように関わりあっているのか、授業者自身の社会へのこだわり、社会を見る目を鍛えておくところまで問われているのかもしれません。

11

（4）デジタルで変わるこれからの学習評価

　熱心な読者の皆さんは、授業に役立つプリントづくりに時間を割いていることでしょう。デジタル教科書から必要な図表や写真、本文から説明文をコピー貼付し、学習材として利用していることでしょう。最後に、学習者が考えたことや感想・意見をどのように利用しているでしょうか。もちろん、学習状況を授業の中で提示するアプリを利用することもできますが、まだまだ紙ベースのところは、毎時間で学んだ箇所を1枚のプリントに集約するだけで、学習者も授業者も単元全体を振り返ることができる1枚ポートフォリオになるのです。また、Google Forms や SharePoint 等で問題やアンケートを作成すれば、択一式や多肢選択式の回答結果の集計を簡単に集計でき、その結果を瞬時に図表で提示することもできます。これからの学習は、学習履歴（スタディログ）をどのように集約し、学習成果を可視化することで、次の学習に役立てるのかが問われるのでしょう。

❸ 令和の日本型学校教育に、社会科はどう変わるか？

（1）ICT 機器とアプリの使用例は次の通りです。

● **Jam board**（p.31、p.131）…消防設備を写真として記録し、教室の一覧に貼り付ける等、可視化することや、自分の考えを整理し、友だちとの意見交流に利用できます。写真や図に付箋や書き込みをうまく使って、共同で考えを練り合わせましょう。

●**ロイロノート**（p.62、p.69、p.74、p.86、p.110、p.114、p.123）…授業者から個人への資料提示、学びをカードで整理したり、録音音声データを収録したりする個人活動、回答共有でグループ活動の交流ができます。

● **Google map**（p.89）…地図帳と併用し、人口密度や土地利用の様子、交通など地域の様子を調べたり、比較したりします。

● **Microsoft Teams、Zoom**（p.31、p.126）…双方向コミュニケーションアプリ。各自持ち帰った端末で離れた場所からコミュニケーションできます。

　その他、表での項目づくりや棒や円グラフに示して、提示する Excel（p.72）、ミライシードオクリンク（ミライシード）のカード機能、今昔マップ　on the

web や立体的な画像を見せる Google Earth の利用、NHK for School の動画活用
などが示されています。

（2）個別最適な学びと「しかけ」

新型コロナウィルス感染症の拡大の中で、子どもたちの学びの保障が注目され
ました。これまで以上に、A 授業者が学習内容の確実な定着を図り、理解を深
め広げるために指導の個別化を行うこと、B 学習者が自らの興味・関心から課題
設定し、情報収集、整理・分析、まとめ・表現を行う個性的な学習を協働的な学
びの中で進めることが求められています。

A　教科書・地図帳・体験・社会見学

身近な素材、学習課題の設定、選択場面、話し合い、復習。例えば、第2章①
「身近な地域や市区町村」では、まちたんけんをして、自分のまちの様子を知る
こと、地域差を捉えること、そして魅力を考える学習を提案しています。第2章
④「市の様子の移り変わり」では、交通や公共施設、人口、土地利用の様子など
を関連付け捉えること、それを整理することで変化が読み取れる技能を身に付け
させる工夫が示されています。第3章①「わたしたちの県」では、社会的な見方・
考え方を培う問いを、授業者が構造化して、地図からどのようなことを読み取る
のかをリードする学習を通して、理解を深めるための手立てが示されています。

B　情報収集・調査・発表・意見交換

第2章②「わたしたちのくらしとまちで働く人々」では、表やグラフ、地図、
写真、インタビューなどの教材や調べ活動が展開されます。調べてまとめるだけ
でなく、お店の工夫をセールスポイントで提案することも示されます。第3章②
「住みよいくらしをつくる」では、学習問題についての個別の学びと「ごみ袋を
減らす」ことなどについて議論する場面設定を示しています。第3章③「自然災
害から人々を守る活動」では、自然災害の恐ろしさを、自分事として捉えるため
の教材の工夫と学んだことを発信する展開が取り入れられています。

以上、中学年では、身近な地域から市や町、都道府県に目を向け、自分事とし
て社会の問題を考える展開が企図されています。

教育実習生や初任の先生から経験豊かな先生まで、これから取り組む単元構成
や展開例のヒントになれば幸いです。

① 3年生社会科の特徴

執筆者：山方貴順

❶ 社会科との出合い

（1）社会科の目標：公民的資質を大切に

　社会科の目標とは、1947年の社会科誕生から一貫して「公民的資質（・能力）の育成」です。この公民的資質とは、一言で言えるほど単純なものではありませんが、よりよい世の中のために、知ったり、考えたりすることだと捉えられます。つまり、巷でよくいわれる「社会科は覚えるだけ」では不十分であって、公民的資質のキーワードである「よりよい世の中」にするために暗記したり、その暗記したことを使って、考えたりすることが重要なのです。

（2）問題解決の課程を大切に

　単元冒頭で、単元を貫く学習問題を子どもと共に作り、その問題を解決すべく学習を重ね、単元の終盤でその学習問題を解決する展開が、社会科では一般的です。次のイラストから、例をお示しします。

　大単元「地域に見られる生産や販売の仕事」内の小単元「農家の仕事」でのものです。多くの子どもたちはイチゴの旬は冬と予想しますが、旬は春と伝え、予想を裏切ります。そこから「どうして冬に多くのイチゴを食べることができるのか」との学習問題を作ることができます。

　学習を進めることで、ハウス栽培等の農家の工夫、寒さに強いイチゴの品種等を調べることができます。また、子どもの予想を裏切る事実を示すことで、学びのエネルギーとなります。

❷ 学ぶのは市区町村

小学校社会科は、学年によって学ぶ内容が下のように整理されています。

学年	学ぶ内容
3年	自分が住む市区町村
4年	自分が住む都道府県
5年	自分が住む国
6年	公民・我が国の歴史・世界

学習指導要領では、3年生の大単元は下の枠組みで整理されています。枠組みについては上から順に、中学校社会科で学習する「地理的分野」「公民的分野」「歴史的分野」のイメージがわかりやすいのではないでしょうか。

枠組み	大単元
地理的環境と人々の生活	①身近な地域や市の様子
現代社会の仕組みや働きと人々の生活	②地域に見られる生産や販売の仕事 ③地域の安全を守る働き
歴史と人々の生活	④市の様子の移り変わり

○複数の分野に及ぶのが小学校社会科の特徴

小学校では1つの大単元で、複数の枠組みに触れます。第2大単元「地域に見られる生産や販売の仕事」を例に見てみましょう。

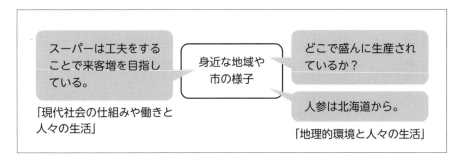

上の図のように、複数の枠組みに及ぶのが小学校社会科の特徴です。

❸ 生活科との違い

　ここでは、社会科と生活科の違いについて整理します。まずは、目標と内容から下の表に整理しました。「よりよい世の中を考える社会科」と、「子ども自身の生活を豊かにする生活科」と捉えることができます。

	社会科	生活科
目標	公民的資質（・能力）の育成	自立し生活を豊かにしていくための資質（・能力）
	→よりよい世の中のために	→子ども自身の生活を豊かに
内容	学習指導要領によって決められている。教科書や副読本があり、ある程度それらに沿って学ぶ。	学習指導要領に9項目が示されているものの、学ぶ対象は実情に応じて各校で決める。

○校区探検を例に

　両方の教科で実施される校区探検を例に、違いをより明確にします。

	社会科	生活科
特徴	方角や地図記号を使い、白地図等にまとめることを通して、**空間的な広がりに気づく。**	自分たちの生活を振り返りながら、**子ども自身の生活をより豊かにする。**
意見の例	「校区の北部には、歴史的なものと住宅街が多く、店は少ない」「校区の中部には、東西に大きな道路があり、その道路沿いにお店がたくさんある」「校区の南部には、田畑が広がっている」 →枠組み「地理的環境と人々の生活」を意識した、空間的な広がりを学ぶように。	「パン屋さんは、登校中にいいにおいがする。何時から作り始めているのか話を聞きに行こう」「四丁目の木の公園は、本当に秋に赤とんぼがたくさん飛んでいるか確かめ、ついでに遊ぼう！でも、小さい子がよく遊んでいるから、ボール遊びは気を付けないとね」 →子どもの生活を豊かに。

❹ 公民的資質は社会認識とのセットを大事に

　本章冒頭で、公民的資質のキーワードは「よりよい世の中」と述べました。しかし、公民的資質を単独で考えることは、危険をはらみます。それは、道徳（特に「公徳心」や「勤労」「郷土の伝統と文化の尊重」等）や学活、学級指導と区別ができなくなるためです。そこで公民的資質は、社会認識（世の中のことがわかること・授業内容）とセットで、育成しなければなりません。

○第３大単元「地域の安全を守る働き」を例に

　本大単元は、いわゆる警察単元と、消防単元で構成されています。消防単元は、火事に関する事実、消防署の働きや消防設備といった社会認識だけでなく、公民的資質として「よりよい世の中のために自分にできること」すなわち、避難訓練にも触れたいと考えています。

　公民的資質を単独で考えると、「避難訓練でふざけてはいけない」「避難訓練では、ハンカチで鼻や口をおさえながら逃げるのが大事だ」といった、学級指導レベルの話になってしまいます。一方、社会認識とセットで考えると、「火事は、発生から20分もすると、火が家全体に広がるほどだから、ふざけている暇なんてないはずだ」「火事では、火もこわいけど、煙もこわい。煙は上にいくから、身をかがめて、ハンカチで鼻や口をおさえながら、煙をできるだけ吸わないようにして避難しないといけない」といったように、避難訓練ひとつとっても深みが違ってきます。なお、当然のことながら、社会認識の単独も、「暗記教科」に陥ってしまいやすくなるため、考えものです。

　△：公民的資質（よりよい世の中について考えること）単独
　　　→道徳や学活、学級指導と変わらなくなってしまうおそれがある

　△：社会認識（世の中のことがわかること・授業内容）単独
　　　→暗記教科になってしまうおそれがある

　○：社会認識と公民的資質をセットで考えることがポイント！

② 3年生社会科の授業構想のポイント

執筆者：山方貴順

❶ 授業と、子どもの生活を結び付けて

（1）導入では、学びのエネルギーになる学習を

先ほどお伝えしたイチゴを例に、導入の例を掘り下げてみましょう。

まず「イチゴの旬はいつでしょう」と問うと、多くの子どもが「冬！」と答えます。理由を尋ねると、自分の生活を結び付けて「クリスマスで……」等と答えますが、実はイチゴの旬は春です。この事実を伝えても、子どもは「冬でもスーパーで売っているよ」と、自分の生活と結び付けたエピソードを伝えてくれるでしょう。そこで「それじゃあ、冬にどうやって作っているか、調べてみよう」と授業を展開することができます。そうすることで、ハウス栽培等の農家の工夫、寒さに強い品種等を調べることができます。

（2）終末では、公民的資質を発揮できる学習を

前の頁にもあるように、社会認識（世の中のことがわかること）と、公民的資質をセットで育成することが重要です。単元で学習してきた社会認識を存分に発揮できるのは、何といっても単元の終末でしょう。終末部分で考えることを、単元の最初に提示してもいいですね。

これまで目を向けたことがなかったけれど、いわれてみると確かに○○だ

どうして△△になっているんだろう

学びのエネルギーになるのは、このようなことを思わせることです。

❷ 人との出会い

　小学校3年生というと、読める漢字もまだ少なく、インターネットで検索しようにもローマ字の学習は秋頃ですし、調べることのハードルは低くありません。そこで効果的なのは、人との出会いです。これまで私がお世話になったことのあるゲストを紹介します。

（1）第1大単元「身近な地域や市の様子」：校内の先生たち

　勤務する奈良市は比較的広く、同じ市内でも、場所によってずいぶん様子が異なります。そこで、「西部に住む○○先生の話」「東部の小学校に勤務されていた△△先生の話」等と、色々な先生方に学級にお越しいただいて、くらしの様子をお話いただきました。

（2）第2大単元「地域に見られる生産や販売の仕事」：社会見学や遠足

　勤務校の近くに、スーパーマーケットがあります。そこの店長さんに、バックヤードを見せてもらったり、子どもが抱いている疑問に答えてもらったりしました。また「生産」の単元で学習する墨ですが、遠足の行先に墨を作っている会社を組み込んで、その様子を生で見ることをしました。

（3）第4大単元「市の様子の移り変わり」：地域の方

　地域のお年寄りの方に、昔のくらし体験のお手伝いをお願いしました。中でも、炭と七輪を使って、自分が持って来た食材を焼いて食べることは、大盛り上がりでした。

（4）人との出会いで大事なことは

　何といっても、教師とゲストで、目標を共有することが重要です。教師の側から「子どもに、○○を気づかせたいです」「そのために△△のお話をお願いできませんか」「○○に気づかせるために、教師にお手伝いできることはありませんか」等と、目標を共有した上で、内容や方法を考えたいですね。

❸ 地図帳の使いどころ

　3年生で配布される地図帳ですが、なかなか使いづらいという声も聞こえてきます。また、3年生社会科で学習するのは市区町村ということもあり、全国や世界に目を向けることが少ないのが実情ではないでしょうか。ここでは、地図帳のよさ、使いどころ、ICT に置き換わるかについてお伝えします。

（1）地図帳のよさ

　右の2枚の地図を見てください。授業で使うなら、どちらの地図ですか。私なら、右のものを使います。それは、縮尺をつかませやすいためです。同様に、地図帳のよさとして、縮尺をつかませやすいことを挙げることができます。

右の地図の方が縮尺がわかりやすい

（2）地図帳の使いどころ

　先ほど「授業と、子どもの生活を結び付けて」とお伝えしました。子どもの生活を結び付けるのは、授業だけではなく、授業を越えた学びすべてではないでしょうか。そのため、日々流れるニュースで紹介された地名を地図帳で調べることが有効です。例えば、この原稿を執筆している 2022 年 1 月だと、10 万人あたりのコロナウイルス新規感染者数が○○県だと何人だとか、トンガの海底火山噴火といった地名が、ニュースから聞こえてきます。これらを地図帳で見つけさせることで、「学びと子どもの生活を結び付け」ることができます。

（3）グーグルマップでもいい？

　以前、地理教育を専門にされている大学の研究者に、この問いを投げかけたことがあります。すると「国語辞典と同様に、自ずと周囲の情報が目に入ってくるから、幼い間は紙の地図帳の方がいいでしょう」と回答していただきました。紙で調べるひと手間こそが、社会科学力につながってきます。

❹ 社会科の宿題を

　先ほどから、子どもの生活と結び付けることが重要だとお伝えし続けています。子どもの生活と結び付けるために、授業だけではなく、社会科の宿題も有効です。ここでは、社会科の宿題の例を提案します。

（1）第1大単元「身近な地域や市の様子」：登下校を利用して

　例えば、「学校から家に帰るまでに、いくつお店があるか、数えながら帰りましょう」や、「普段行く公園を数えてみましょう」といった宿題が考えられます。

　登下校の時間を、「校外学習」の時間と捉えることができます。

登下校の時間を、先生不在の「校外学習」の時間と捉えることができます

（2）第2大単元「地域に見られる生産や販売の仕事」：ICT端末を使って

　例えば、これまでもよくされてきた買い物調べですが、ICT端末によってバージョンアップすることが可能です。「産地が書いた箇所を写真に撮りましょう」や、都道府県を投票できるようなフォーマットを作成して「産地の都道府県を調べ、投票しましょう」といった宿題を出すことができます。

（3）第3大単元「地域の安全を守る働き」：登下校を利用して

　例えば警察の単元で「ガードレール（もしくはカーブミラーや標識等）はどんなところにあるか、考えながら帰りましょう」という宿題から、地理的な見方・考え方を働かせることができます。

　他にも消防の単元で「家にある消防設備を見つけてきましょう」という宿題も有効でしょう。また、この宿題もICT機器と相性がよく、写真を撮ってこさせる宿題を出すこともできます。

③ 4年生社会科の特徴

執筆者：山方貴順

❶ 学ぶのは県

（1）4年生社会科の学習内容

　15頁でお伝えした通り、4年生では、自分が住む都道府県を中心に学習します。学習指導要領の枠組みで整理してお伝えします。（なお、○の中の数字は学習順です）

枠組み	大単元
地理的環境と人々の生活	①県の様子 ⑤県内の特色ある地域の様子
現代社会の仕組みや働きと人々の生活	②人々の健康や生活環境を支える事業 ③自然災害から人々を守る活動
歴史と人々の生活	④県内の伝統や文化、先人の働き

（2）4年生で「自分が住む市区町村」は扱わない方がいい？

　4年生で学ぶのは確かに県ですが、特に第2大単元のごみや水道の学習では自分が住む市区町村を扱うべきでしょう。後述しますが、4年生こそ公民的資質が重要で、自分の生活を見つめ直すべきです。一方で、第5大単元は、3年生第1・2大単元と重複する内容が多いので、自分が住む市区町村は扱わない方がいいでしょう。

（3）やはり問題解決の課程を大切に

　右は、第2大単元内の小単元「水はどこから」で使用したスライドです。子どもの生活から問題を見つけるからこそ、大きな学びのエネルギーとなります。

❷ 都道府県は暗記する？

　4年生社会科の、古くて新しい疑問に「都道府県は暗記する？」が挙げられます。答えを先に述べると、「覚えられるに越したことがないが、社会科嫌いや、『社会科＝暗記教科』といった誤解をうまない方が大事」と私は考えています。学習指導要領を根拠にしながら、理由をお伝えします。

（1）「47都道府県の名称と位置を理解すること」

　「第3章 第2節 第4学年の目標及び内容」には「理解させる」と明記されています。そのため「白地図を配布して、宿題にして、テストをして、○点以下は再テストして……」と、思われる方もいらっしゃるかもしれません。では、学習指導要領解説の社会編を読み進めましょう。

（2）「小学校卒業までに身に付け活用できるように工夫して指導すること」

　「第4章　指導計画の作成と内容の取扱い」には「我が国の47都道府県の名称と位置、世界の大陸と主な海洋の名称と位置については、学習内容と関連付けながら（略）小学校卒業までに身に付け活用できるように工夫して指導すること」とあります。つまり、4年生のうちにすべて覚えなくともよく、卒業までに理解できていればよいことが読み取れます。

（3）自分の生活と関連付けながら都道府県を理解

　興味の薄い分野の暗記は退屈で、うんざりするのは、子どもも大人も同じです。そこでポイントとなるのが、学習指導要領にある「（学習内容と）関連付けながら」です。こうすると、興味をもちやすく、覚えやすくなります。

　例えば、第1大単元だと「自分が住んでいる県の西は、何県？」「電車でつながっているのは、何県？」等と自然に都道府県を覚えられるような授業を展開できますし、第5大単元で、都道府県ごとの生産量を扱う際には、「第○位の△△県は何地方？」「その地方にある県は？」という授業も展開できます。ニュースで話題にのぼった都道府県を扱うことも有効でしょう。

❸ 4年生こそ公民的資質

　3年生の特徴の頁で、公民的資質のキーワードは「よりよい世の中」だと述べました。4年生ほど「よりよい世の中」を考えやすい学年はありません。それは、学習内容と、自分の生活の距離が近いためです。

（1）「よりよい世の中」×「上水道」「ごみ処理」

　第2大単元では、多くの小学校で、上水道と、ごみの処理の仕組みを学びます。「よりよい世の中」を最も考えやすい大単元です。例えば上水道だと「水を無駄にしない」「節水」「油を流してはいけない」、ごみの処理だと「分別」「地域のごみ出しのルールを守る」「ごみを減らす」でしょうか。

　ただし、やはりここでも公民的資質単独にならぬよう、社会認識（学習内容）と結び付けなければなりません。「なぜ節水を？」「面倒なのに、なぜ分別を？」等、「なぜ」と尋ねることで、社会認識と公民的資質がセットになって、考えが深まっていきます。そして、授業場面を越えて、自分の生活も変わり、世の中に関わっていこうとする社会参加（次頁参照）の意識をもつことが重要です。

| 節水しましょう |
| 油を流してはいけません |
| 分別しましょう |
| ごみを減らしましょう |

標語に対して
「どうして？」と
尋ねてください。

（2）「よりよい世の中」×「自然災害」

　第3大単元では、自分が住む県において過去に発生した、水害や地震といった自然災害を学習します。ポイントは、単に自然災害そのものを学ぶだけではなく、県庁や関係機関の連携を学ぶことと、自分のくらしを守る備えに着目することでしょう。授業場面で終始するのではなく、自分の生活が変わり、保護者への変化も促し、世の中に関わっていこうとする社会参加の意識を育成していくことが重要です。

❹ ポイントは社会参加

　現行の学習指導要領では、知っているだけではなく、知ったことをどう使うか、までを求めています。社会科の場合、知ったことを使う場面が世の中（社会）であることが多くあります。社会参加という概念は、突き詰めて調べていくと少々複雑ではありますが、ここではざっくりと、「学んだことを世の中で使うこと」としておきます。4年生は、社会参加の意識をもつのにぴったりな学年です。

（1）「節水する」「分別する」、行動に移してこそ社会参加

　左の頁でお伝えしたように、公民的資質を育成し、「節水は大事だ」「分別するとエコだ」と気づくだけでは不十分です。学んだことを世の中で使う、社会参加にまで到達させたいところです。そのため、宿題に設定したり、ICT機器を使って様子を写真に撮ってこさせたりすることが有効でしょう。

（2）家族も巻き込んで社会参加を

　自然災害を4年生で扱うようになったのは、現行の学習指導要領になってからです。つまり、子どもたちの親世代は、自然災害への備えについて、小学校社会科で学んでいません。そのこともあってか、家庭によっては、備えを一切していないケースもあります。そのような家庭に対しては、学校で学んだことを、子どもを通じて伝えること、すなわち、家族も巻き込む社会参加が重要です

　例えば、「今日学んだ自然災害への備えを、お家の人に聞いてもらって、一緒に考えて、コメントをもらってくる」という宿題を出すことが考えられます。ICT機器を活用して、我が家の災害対策グッズの写真を撮影してくる宿題も有効でしょう。学級通信や学年通信等で、教師側の意図を伝えることで、協力してもらいやすくなります。

「家族に話しましょう」という学びは、学んだ知識を使う場であると捉えることもできます。

④ 4年生社会科の授業構想のポイント

執筆者：山方貴順

❶ 授業と子どもの生活を結び付けて

　4年生社会科は、よりよい世の中を考えやすく、学んだことを世の中で使いやすい特徴があります。そしてポイントは、単元の導入と終末を、子どもの生活と結び付けることです。厳密に分けることができませんが、相性がいいタイプをそれぞれ2つずつお伝えします。

（1）単元の導入で、子どもの生活と結び付ける2つのタイプ

タイプ	言われてみると確かに	なんでそうなっているの
例	「水道水は何からできているの？」（上水道単元） 「ごみはどこに行くの？」（ごみ単元）	「ここに災害に備える看板があるのはなぜ？」（災害単元） 「〇〇市で△△の生産が多いのはなぜ？」（県の産業単元）

（2）単元の終末で、子どもの生活と結び付ける2つのタイプ

タイプ	学んだことをもとに 自分の生活を考え直す	学んだことを 実生活の改善にいかす
例	「自分にできる〇〇を残すための行動は？」（伝統文化単元） 「家族でできる自然災害への備えは？」（災害単元）	「自分が考えた節水の方法を実践してみましょう」（水道水単元） 「分別して、ごみステーションにごみを出しましょう」（ごみ単元） ※宿題が有効

❷ 社会科の宿題を

　左の頁でもお伝えしたように、単元の導入と終末において、生活を結び付けることがポイントです。社会科の宿題をすることで、ダイレクトに生活と結び付けることができます。ここでは、宿題となる10例をお伝えします。

（1）第2大単元「人々の健康や生活環境を支える事業」

　様子を写真や動画で撮影させることで、一層効果的な学びになるでしょう。とはいえ、プライバシーへの配慮が求められるため、「音声や文字だけでも可」等と、一律に動画や写真を求めることは避けたいと考えます。

	宿題の例　※写真や動画の撮影も
①	我が家の節水方法を調べてこよう
②	1か月の使用水量を調べてこよう
③	家でごみを何種類に分けているか調べてこよう
④	ごみを減らす工夫を実践してみよう
⑤	ごみ出しをしてみよう

（2）第3大単元「自然災害から人々を守る活動」

　学習指導要領には「地震災害、津波災害、風水害、火山災害、雪害など」から学習する自然災害を選択するようにと記されています。いずれの災害を選択しても、緊急時における県及び関係機関の対応と、平時における自然災害への備えを学習します。宿題に最適なのは後者です。

	宿題の例　※写真や動画の撮影も
①	自然災害に対する我が家の備えを調べてこよう
②	自然災害が発生したときの集合場所を決めてこよう
③	我が家が遭いやすい自然災害は何か、お家の人と相談してこよう
④	ハザードマップを確認してこよう
⑤	天気予報を見て、自分が住む県に台風が最接近するのはいつか調べてこよう

❸ 地図帳の使いどころと使い方

　関連付けながら都道府県を学ぶ重要性は、23頁で既にお伝えしました。地図帳の使いどころも同様に、学習内容等と関連付けることがポイントです。ここでは、地図帳の見方と、使いどころをお伝えします。

（1）概観する×第1大単元「県の様子」

　第1大単元では「県の北部は……」「県の南部は……」のように、マクロに俯瞰して見ることが求められます。それをつかむためには、地図帳がぴったりです。例えば私が勤務する奈良県では、北西部が盆地になっていて、人口が多く、交通も発達しています。しかし4年生の子どもは「でも、北西部にも、電車が通っていないところもあります」「人が住んでいないところも」と、ミクロにとらわれて、よく例外を探そうとします。そのため、ここでは、概観することを身に付けさせたいと考えます。

（2）比較する×第5大単元「県内の特色ある地域の様子」

　学習指導要領でも、自分が住む市区町村と、学習する市区町村の比較が求められています。例えば、自然環境（標高・川の有無等）・土地利用・交通・主な産業等を比較することができます。こうすることで、その市区町村の理解はもちろん、第1大単元で求める、県の概観の理解にもつながります。「単元が終われば学習も終わり」ではなく、連続しているという意識が重要です。

（3）技能もあわせて育成を

　「地図帳で〇〇市を探しましょう」と問うと、子どもはどのような行動をとるでしょうか。何県にあるか目星がついているなら、地図帳をぱらぱらめくるのもいいと思いますが、目星がついていないなら、索引から探しているのが望ましい姿です。3年生国語科で国語辞典の使い方を学習していることから、4年生社会科では確実に、地図帳の索引の使い方を身に付け、「〇〇市は、△頁の□×にあります」と言える技能を身に付けさせましょう。

❹ 社会見学の考え方

　コロナ禍では、満足に社会見学に出かけることはできませんでした。しかし、コロナ禍が明けた際には、社会見学を実施したいものです。

　さて、しばしば「社会見学は、学ぶ前？　学んだ後？」と質問を受けることがあります。それぞれにメリットや留意点等がありますので、下の表で整理しました。学校や見学先、子どもの実情に応じて検討する際の参考となれば幸いです。

	学ぶ前に社会見学	学んだ後に社会見学
メリット	・強烈な導入(学びのエネルギー)になる ・写真に残すことで、資料作りができる	・復習になる ・学習問題の解決に最適 ・見学先の方に、質問に答えてもらえる
留意点等	・あらかじめ視点を伝えておかないと、単に「すごかった」で終わってしまう ・ごみクレーンやダム等、見た目にインパクトがある見学先と相性がよい	・子どもにとってその単元に学ぶ意義を見いだせていなければ、社会見学に行く意義も見いだせない

〇目的を共有する　―有効な社会見学にするために―

　社会見学に向けて、目的を共有することで、意義ある見学になります。「何のために見学するのか」「気づかせたい（気づいてほしい）ことは何か」を、子どもと、そして見学先と、共有してください。

①子どもと共有：見学する際の視点が明確になります。共有しないと、単に「すごかった」で終わってしまう可能性があります。

②見学先と共有：目的に沿って見学をデザインしてくれるでしょう。話や展示を、アレンジしてくれる場合もあります。

第1章

⑤ 中学年社会科における ICT 端末利用の工夫

執筆者：今　伸仁

❶ 3年生における ICT 端末利用の工夫

　社会科の授業というと様々な資料を使って調べ、学級全体で話し合い、黒板に教師が整理しそれを基に考えを深め、問題の解決に向かうといったイメージが強かったと思います。また、単元の最後には手書きで新聞等にまとめるという実践も見られました。しかし、GIGA スクール構想の進展に伴い、子どもたちが一人一台の端末を活用して調べたり、タブレット学習用オールインワンソフト（ミライシード）等を用いてまとめたりすることができるようになる等、様々な学習活動が展開できるようになりました。

　3年生では、自分たちの住む市区町村を中心とする地域社会に関する内容を取り上げます。しかし、生活のなかで子どもたちは目にしているものの、それを社会的事象として意識していることは意外と多くないように感じています。また、以前であれば、見学や観察、聞き取りなどの調査活動を行って収集した情報を黒板や紙で整理することになり、多くの時間がかかるわりに、次の学習活動が深まりにくいこともありました。

　さらに、以前であれば校区内あるいは市内の施設に出かけ見学や観察、聞き取りなどの調査活動を行うことができましたが、このコロナ禍でそのような学習活動に制限がかけられている地域も多いのではないでしょうか。このような状況で、社会科との出合いの時期である3年生の学習活動に、ICT 端末を利用した学習活動を加えることで、地域のひと・もの・ことをつなげたり、収集した情報を整理し可視化したりすることで子どもたちの社会科に向かう学習の意欲を高めることにつながると考えます。

（1）地域のひと・もの・ことと子どもをつなげる工夫

　オンライン会議システム（Zoom 等）を用いることで、地域のひととつながることができます。第2大単元「地域に見られる生産や販売の仕事」では、実際に生産に携わる農家の方とオンラインでやり取りすること、生産の仕事に関わる質問をして情報を収集することができます。

　また、第1大単元「身近な地域や市の様子」では、校区探検を行いその時の様子を撮影し、教育クラウドサービス（まなびポケット）やグループウエア（Microsoft Teams や Google Classroom）で共有することで地域のもの・こととつながることができます。もし、子どもたちが校外に出られない場合には、教師自身が校区に出かけ四方位ごとのコースごとに撮影し共有することで、子ども自身が自分のタイミングで必要なときに必要な部分を視聴することができます。

（2）収集した情報を整理し可視化する工夫

　模造紙に収集した情報を整理する活動をデジタルホワイトボード機能（Google Jamboard）に置き換えて行うことができます。3年生であればローマ字入力は難しい場合もありますが、手書きしたものを撮影して貼り付けることもできます。第3大単元「地域の安全を守る働き」では、校内にある消防設備を調査する際に、消防設備を写真として記録し、教室一覧の図を貼り付けデジタルホワイトボード上を子どもたちに提示し、その上に子どもが撮影した写真を貼り付けることで、どこに、どんな消防設備があるのか可視化することができます。

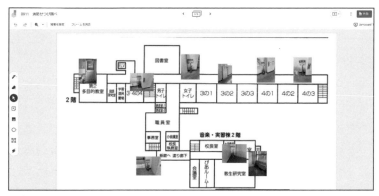

消防設備を貼り付けた Jamboard

❷ ４年生における ICT 端末利用の工夫

　３年生では、自分たちの住む市区町村を中心とする地域社会に関する内容を取り上げましたが、４年生では、自分たちの住む県を中心とした地域の社会の内容を取り上げます。

　空間的に見ると学習する対象が広がっていきますが、それに合わせて扱われる資料の種類も増え、その資料に合わせた情報を収集し、それらを基に考える方法を身に付けることが必要なことになってきます。

　各教科書会社の「学び方コーナー」や「学びの手引き」といった資料を読み取る方法をまとめている部分を中心に３社の教科書を比較したところ、共通して取り扱われているのが

・取り扱う都道府県の地勢図と土地利用図を関連付けて考えさせる。

・２本の棒グラフを比較し、共通点や相違点を見つける。

・時代の違う２枚の地図や写真を比較して変化をした様子を見つける。

という上記の３点でした。

　共通するのは複数の資料を同時に扱うことです。以前であれば、教師が黒板に拡大した資料を貼りその周りに子どもが発表したことを書き込んでいくことで子どもの考えを深めていく流れで授業が進んだと思います。しかし、ICT 端末上に２つの資料を表示し、子ど

２枚の地図を比較して、書き込んだオクリンク

もが見たいところを拡大したり縮小したりしながら、直接書き込んでいくことで、子ども自身が主体となって２つの資料を比べることにつながります。

　それらをタブレット学習用オールインワンソフト（ミライシード）等で共有することで学級の全児童の考えを共有することもでき、さらに考えを深めることにつながります。

　資料をどのように子どもに提示し、そこから収集した情報をどう共有するかを

工夫していくことで、子ども自身が主体となって情報を収集し、考えを深めることにつながると考えます。

　4年生になると、ICT 端末を利用するスキルが高まってきます。そのスキルを生かして、子ども自身が学びの過程での自分の成長を自覚したり、学んだ成果を発信したりする学習活動に取り組んでいきたいと思います。

（1）振り返りを蓄積し、子どもが自身の学びを自覚するための工夫

　タブレット学習用オールインワンソフト（ミライシード）のカード機能（オクリンク）を使って、毎時間ごとの振り返りを蓄積していきます。どの単元でも行える方法です。

　その日の学習を振り返って、自分がわかったことや次の時間に解決したいことをカードに書き込み提出することで学級全体のカード共有することができ、それをもとに学習計画修正することにつながります。

　また、個人内で振り返りを積み重ねていくことで、単元の最初と最後の自分の変容を比較することができ、自分自身の学びの過程を見つめ直すことにつながります。

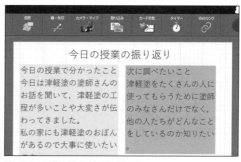

振り返りを書き込んだオクリンク

（2）学んだ成果を、他県の小学生にオンラインで発表するための工夫

　前述したように4年生の学習内容は自分たちの住む県を中心とした地域社会です。自分が学んだことを、自分の住んでいる県以外の小学校4年生に伝えることで、学んだことがより確かになっていきます。

　オンライン会議システム（Zoom や Google meet 等）を用いることで、県外の学校とつながることができます。

① 身近な地域や市区町村

地域差に着目し市区町村の魅力を考える学習

子どもの「なぜ」を引き出し、問いに迫る

執筆者：向山綾香

❶ 特徴 —子どもの「なぜ」から地域差を捉え、魅力を考える—

（1）初めての社会科

　本単元から社会科の学習が始まります。皆さんは、社会科はどのような教科で、なぜ学ぶのか、どのように説明しますか。

　私は、昔の写真や制度をいくつか紹介します。

　「何がおかしい？」と尋ねると「男の人ばかり」「車がない」「戦争はよくない」等「おかしい」箇所がたくさん出てきます。「じゃあ今の生活、何がおかしい？」と尋ねると「何もおかしくない」と……。何十年か先から見ると「おかしい（課題等）」ところはたくさん見つかりますが、何も考えず今の社会を当たり前と思っていたら課題は見つからず社会も発展しません。課題を見つけて自分たちで解決し、よりよい社会をつくる力を身に付けるために社会科があり、「社会を知ること」と「自分で課題や疑問を見つけ、考える経験」が大切であることを伝えます。そしてまずは自分たちの身近なまちから、「なぜ」こうなっているのだろうという自分の疑問をもとに学習していこうとつなげます。

（2）地域差を捉え、魅力を考える

　生活科では子どもの生活を豊かにするため、自分と関わりの深いところを中心に学習してきましたが、本単元では5つの視点（①地形、②土地利用、③交通、④公共施設、⑤古い建物）からまちを調べることで気づいた地域差をもとに市区町村の学習に入ります。

　市区町村の学習では、土地利用図から地域差に気づき、地域差が生まれる理由を考える学習を行います。単元の終末では地域差を踏まえて市区町村の魅力を考え、リーフレットや白地図にまとめる活動を行うのもよいでしょう。

> **生活科「まちたんけん」**
> 深く関わっているところ
> 公園・店・身近な人
> → 「○○なまち」
>
> **社会科「自分のまち」**
> まちを全体的に調べる
> ひとことで表せない
> 地域差、魅力
>
> **社会科「自分の市区町村」**
> 同じように地域差がある…?
> なぜ地域差が…? 魅力は…?

（3）子どもの「なぜ」を中心に

　小単元の問いは「どんな」「どのように」ではなく「なぜ」から始めます。そうすることで問いに対して、子どもが自分で考えることができます。

> **×工場が多いところは<u>どのような</u>様子なのだろう。**
> 　資料や教科書の記述から答えとなる箇所を探すだけで ［考える必要なし］
>
> **○なぜ工場は西に集まっているのだろう。**
> ［資料の読み取り］調べたことから工場が西に集まっている理由を［考える］
>
> 工場は海に近い、船から重い原料が運ばれてくる
>
> 海外から運ばれてくる重い原料は、遠くまで運ぶのが大変だから海の近くに工場が建っているんだ！

　また、子どもからの「なぜ」をもとに学習計画を立てるようにします。自分で疑問を見つけ、主体的に解決するためです。

　市区町村の学習では初めに地形と土地利用を扱うようにするとよいでしょう。土地利用図は地域差が明確に表れている場合が多く、子どもを惹きつけることができ、問いも生まれやすいのです。その問いを子どもと整理し、学んでいきましょう。

なぜ商店は中央に集まっているのだろう。

なぜ工場は西に多くあるのだろう。

❷ 資料の作り方

（1）意外性で惹きつける資料を

　子どもが問いを生むために、小単元の導入で扱う資料は大切です。資料によって子どもの予想や既存知識を覆すことができれば、おもしろい、驚いたという感情と共に、なぜなのか知りたいという意欲につなげることができます。

意外性
大阪市の北区には田畑がほとんどない。（既存知識）

驚き！　昔はたくさんあったのに、
なぜ今は田畑が少なくなったのだろう？知りたい！

（2）情報を精査して資料を提示する

　初めて社会科で資料の読み取りを経験する子どもにとって資料の見方は難しく、本時の問いと関係のない箇所を調べてしまうということはよくあります。そこで資料は、必要のない部分は省き、場合によっては一部を強調して提示することも必要です。

　しかし、やりすぎては子どもに「答え」を提示することになるため、他の資料の情報をかぶせて表示することは避けた方がよいでしょう。例えば、東京書籍の教科書には下の地図の通り、地形図に「家や店が多いところ」の土地利用の情報がかぶせて載せられていますが、私は地形図と土地利用図を分けて使用します。

問い「なぜ家や商店は北に集まっているのだろう。」

〈かぶせて表示〉　　　　　　　　　　〈分けて使用〉

ほとんど思考なし

書いてある通り土地が低いところに家や商店が多い

土地が低いところと家や商店が多いところが同じ→地形と土地利用は関連している

子どもが気づく

（3）土地利用の「なぜ」解決には人口の資料を

　学習指導要領に示されている5つの視点には含まれませんが、それぞれと深く関わっている要素に人口があります。土地利用図を見て子どもから出た「なぜ」の問いを解決するために人口の資料を扱うことは有効です。

問い「なぜ田畑が少ないのだろう。」
　→市区町村の人口増加のグラフと田畑の面積が減少しているグラフの比較、各地域の人口増減率と田畑の面積の比較、農業就業人口

　　（人口の増加に伴って田畑が減少し、農業就業人口も減少している。）

問い「なぜ商店がこの地域に集まっているのだろう。」
　→昼夜間人口比率

　　（昼間に人が多いところに商店が多く集まっている。）

問い「なぜ交通が発達しているのだろう。」
　→交通の発達により市街地が拡大した地図

　　（交通の発達により人口が増加し、それによりさらに交通が発達した。）

（4）前時の知識は次時の資料に

　5つの視点は関連付いているため、前時の内容や扱った資料が次時の資料になることがあります。

○土地利用「交通の便が良く、昼間に人が集まるところに商店が集まる」
　→交通「人や商店が集まることで、さらに交通が発達した」
○地形「上町台地という周りより土地が高い場所があり、昔から陸地だった」
　→古くからある建物「昔から陸地だった上町台地には、昔の建造物が残っている」（大阪市の学習）

（5）仮定や否定の資料も有効

　事象を否定したり、もしこうだったらと仮定したりした資料も有効です。

問い「なぜ公共施設はいろいろな場所に散らばってあるのだろう。」
　→各地域・地区別に役所や図書館がある地図、「もし1つしかなかったら」役所に行くまでの所要時間がわかる資料

---

❸ ICT 活用のポイント

（1）まちたんけんでの活用

　学区内のまちたんけんでは、グループごとに分かれて活動します。ICT 端末のカメラ機能はインターネット接続がなくても利用できるため、交通量やまちの雰囲気を撮影・録画するとよいでしょう。クラス内で共有することで自分が調べていない場所の様子もよくわかり、共通点や相違点から地域差に気づくことができます。

（2）地図記号の学習

　本単元で初めて地図記号が登場しますが、ただ暗記するだけではなく、誰にとってもわかりやすい地図を作成するために必要であることもつかませることが重要です。そのための工夫として、ICT 端末のスタンプ機能を使えば、地図が簡単に作成できます。また、グループごとに作成した地図は、選択して大型テレビに映すことができ、比較しやすくなります。

まちたんけん（個人：白地図）

見にくい！

マークを使ってまとめたらいい！

↓

まちたんけん後（グループ：ICT 端末）

○ Google Classroom やロイロノートで、グループごとに学区内の白地図を配布し、どこに何があったかを記号のスタンプを使って記入する。

○共有された地図を選択して大型テレビに提示し、グループごとに比較する。

記号の意味がわからない。

全員同じ記号の方が見やすい！

地図記号の学習＋白地図にまとめる（グループ：ICT 端末）

○ SKYMENU の発表ノートには地図記号のスタンプがあり、便利。

（3）資料の提示

　ノートは、1回の授業で見開き2頁を使用することをおすすめします。板書と同じように左上から問い、予想、調べる、右上に移り、考え、まとめという構図にすると書き写しやすく、調べたことを使って考えを書くという流れもつかみやすくなります。資料は、後に振り返った際、わかりやすくするために貼る必要がありますが、大きすぎると見開き2頁で収まらなくなります。そこでノートには振り返った際にわかる程度のものを貼り、同じ資料をICT端末に配布するようにします。ICT端末の資料は一人一人で拡大できるので自分のペースで調べたい箇所を詳しく調べることができ、大変有効です。

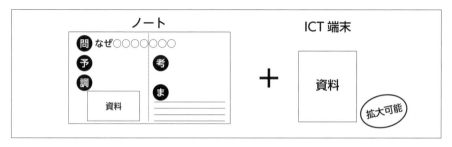

（4）意見交流

　ICT端末で自分の意見をカードに書いて提出し、全体で共有すると、発言しにくい子どもも自分の立場を明確にして意見交流することができます。普段の学習ではノートを使用するため、予想の段階や単元の終末等で適宜使用することをおすすめします。また予想で書いたカードと中単元の終末で書いたカードを比較して、自分の考えが広がったり深まったりしていることを確認するためにも利用できます。

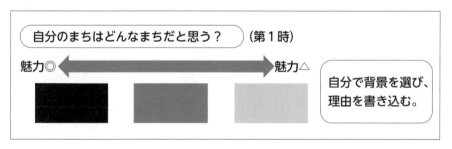

❹ 単元の展開例

（1）単元の展開〈19時間扱い〉

第1次　自分のまちの魅力を考える〈5時間〉

第2次　自分の市区町村の魅力を考える〈12時間〉

第3次　自分の市区町村の魅力を伝える〈2時間〉

（2）各時の展開例

時	主な学習内容	指導上の留意点
1	・生活科の学習を想起し、自分のまちの魅力を考える。	・まちの魅力をロイロノートに記入する。「にぎやか」「お店が多い」「公園が広い」等ひとことになることが予想される。
	【学習問題】自分のまちの魅力は何だろう。	
	・学習問題をつくり、学習計画を考える。	・魅力を知るために、先にまちの様子を知る必要があることに気づかせる。 ・まちの白地図に土地利用を記入する。わからない箇所をまちたんけんで調べる必要性に気づかせる。
2	・グループごとに場所を分けてまちたんけんに出かけ、まちの様子を調べる。	・方位について学習する。 ・①地形②土地利用③交通④公共施設⑤古くからある建物について調べる。 ・ICT端末でまちの雰囲気を撮影する。 ・帰校後、グループごとにICT端末で記号のスタンプを使い、絵地図をまとめる。
3	・地図記号を使い、まちの様子をまとめる。	・地図記号を使って地図を作り直す。 同じ記号の方が見やすい！

時	主な学習内容	指導上の留意点
4	・場所ごとのまちの様子を比較する。	・①地形②他の場所と比べて多い／少ないもの③交通量、雰囲気④公共施設や⑤古くからある建物等その場所にしかないもの、の5つの観点で比較する。 ・撮影した写真や動画も参照する。
5	・自分のまちはどんなところか考える。 ・自分のまちの魅力を考える。	・地域差を確認する。 「北は家が多く静か、古い建物がある」「南は車通りが多い道と店が多くにぎやか」等 ・まちの魅力をロイロノートに記入する。 第1時 にぎやか おいしいごはんやさんが多い　➡　本時 南は店が多くにぎわっていて、買い物も食事もできる。北はしずかで、れきしを知ることができる 自分の考えが広がったり深まったりした！
6	・前時までの学習を想起し、自分の市区町村の魅力を考える。	・市区町村内で知っている場所を話し合う。 ・市区町村の魅力を1枚ポートフォリオに記入する。
	【学習問題】自分の市（区町村）の魅力は何だろう。	
	・学習問題をつくり、学習計画を考える。	・まちの学習と同様、先に様子を知る必要があることに気づかせる。たんけんすることが難しいことから、高い場所から様子を調べる等、別の方法を考える。
7	・高い場所から方位ごとの様子を調べる。 （見学に行けない場合、Google Earthの3D機能等を利用する） 	・①地形（山・川・島・海岸線等）②土地利用（目立つ建物）③交通（道路や線路等）④公共施設⑤古くからある建物について調べる。 ・視点ごとに、ワークシートにまとめる。

時	主な学習内容	指導上の留意点
8	・方位ごとの様子をまとめ、比較する。	・方位ごとに特徴をまとめ、比較する。 ・地域差を確認する。 「北は高い建物が多く、道路が広い」「西には海が見える」等→詳しい地形や土地利用がわからないため、次時以降、地図を使い調べていく。
9	・市区町村の地形について調べる。	・地形図から高低差や、川、海岸線の様子を調べる。 ・高いところ・少し高いところ・低いところの区分から、市区町村をいくつかの部分に分ける。
10	・市区町村の土地の使われ方について調べる。 ・学習計画を考え直す。	・土地利用図から、住宅・工場・商店・田畑・公園・森林はどの方位に多い／少ないか、様子を調べる。 ・土地利用図から、市区町村をいくつかの部分に分け、前時の地形図と見比べる。 「土地が低いところに住宅や商店が多い」等 ・疑問に思ったことを話し合う。 「なぜ、商店はこの場所に集まっているのだろう」「なぜ田畑が少ないのだろう」等→児童から出た疑問に沿って、学習を進めていく。
11		導入の資料 昔の土地利用図 　→過去には田畑が多くあった
	【学習問題 A】 なぜ○○市には田畑が少ないのだろう。	
	・田畑があるところについて考える。（市区町村によって学習問題が異なる）	調べる① 田畑の面積と人口の移り変わりのグラフ 　　　　　→人口が増加する一方で田畑が減少している 調べる② 地域ごとの田畑の面積を表した地図と人口増減率を表した地図 　　　　　→人口が増加している地域には田畑が少ない 考える （土地利用図も参照）人口増加に伴い田畑が商店や住宅に変わった。

【学習問題B】なぜ田畑が（方位）に集まっているのだろう。

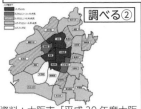

調べる②

資料：大阪市「平成30年度大阪市の現状分析」

調べる①＋調べる②
調べる③ 地形図
→土地が平らで、水源が近くにある場所に多い
考える （土地利用図も参照）
　人口増加に伴い田畑が商店や住宅に変わった。
　現在は農業がしやすい場所に集まってある。

12

・店が多いところについて考える。

導入の資料 土地利用図と前時に提示した人口増減率
→人口が増加している場所に多い？

【学習問題】なぜ商店は（方位）に集まっているのだろう。

調べる①

資料：総務省「平成17年国勢調査」

調べる① 昼夜間人口比率
→人が多く集まる場所に商店が集まっている
調べる② 駅の場所と商店の場所を照らし合わせる
有名な商店街やデパートから駅までの時間を調べる
→交通の便が良いところに多い
考える 交通の便が良く、人が多く集まる場所に集まってある。

初めての社会科となる本単元では、学習の基本をおさえるため、1枚ポートフォリオの活用も有効です。

〈メリット〉

・学習問題に従って小単元の進行を自覚できる。
・各小単元で学んだことを記入するため、書きためた単元の内容を踏まえて学習問題の解決が可能。
・自分の予想とまとめを比較でき、学習を通して考えが広がったり深まったりしたことがわかりやすい。

時	主な学習内容	指導上の留意点
13		導入の資料 土地利用
		【学習問題】なぜ工場は（方位）に集まっているのだろう。
	・工場が多いところについて考える。	調べる① 原料がどこから、何で運ばれてくるか 調べる② 製品はどこへ、何で運ばれていくか →原料は海外から船で運ばれ、製品も船で輸出する →軽い製品はトラックで運んでいる 考える 原料や製品を輸送しやすいように、海側に多く集まっている。軽い製品はトラックで運ぶため、高速道路の周辺に集まっている。
14		導入の資料 市区町村内の役所や図書館の場所 →公共施設は各地域に散らばってある
		【学習問題】なぜ公共施設はいろいろな場所に散らばっているのだろう。
	・公共施設のあるところについて考える。	調べる① 導入の資料 →公共施設が各地域に1つずつ満遍なくある 調べる② 市区町村に1つしかなかった場合の想定 →公共施設に行くのに時間がかかり不便 考える 誰もが使いやすいよう散らばって多数ある。
15	・古くからある建物について考える。	導入の資料 古い建物のある場所＋第11時の学習の振り返り（田畑が商店や住宅に変わった） →古い建物も商店や住宅に変えたらいいのでは？
		【学習問題】なぜ古くからある建物は今も残っているのだろう。
		調べる① 古くからある建物の場所やいわれ 調べる② 国の重要文化財や国宝に指定された理由 考える 昔のことを知ることができ、人々が大切にしてきたものだから今も残っている。

時	主な学習内容	指導上の留意点
16		導入の資料 過去と現在の交通網の比較
		【学習問題】 なぜ交通が発達したのだろう。
	・交通が発達している ところの様子につい て考える。	調べる 過去の市区町村の土地利用図 →現在は昔より駅が増え、市街地が広がっている 考える 交通の発達することにより、市街地が広がり、さらに交通が発達した ・第12時の学習（交通が発達しているところに商店や住宅が多い）や第13時の学習（工場の周辺の交通）とも関連付ける。 ・交通によって他地域や海外ともつながり、人や物が行き来していることを確認する。
17	・自分の市区町村の魅力を考える。	・地域差を確認する。 ・市区町村の魅力を1枚ポートフォリオに記入する。
18	・自分の市区町村の魅力を紹介するリーフレットを作成する。	学習前に自分が書いた魅力はひとことだった。つまりこの学習をしていない人や他地域の人には魅力が十分に伝わっていないのでは…？ 現在観光客が少ない上、今後総人口が減少するから、魅力をもっと知ってもらって市区町村を元気にしたい！ ・土地利用図と同じ内容にならないよう、「交通が発達しているから商店が多く、にぎわっている」等、魅力と感じる理由も付けて記述するようにする。
19	・リーフレットを読み合い、魅力について再度考える。	・リーフレットを比べ、共通点や相違点を話し合う。 その市区町村らしい魅力を書いているか、地域差が表われているか、理由も付けて書かれているか。 ・リーフレットをもとに、「市区町村外に住む友だちが来たとき、どこを案内するか」考える。

② **わたしたちのくらしと
まち で働く人々**

教科書・
学習者端末
活用

単元と単元のつながりを
重視した「生産と販売の仕事」

「直売所」を接着剤に

執筆者：小野太郎

❶ 特徴—単元と教科をつなげてカリキュラム・マネジメント！—

まず、社会科の「単元」は学習内容のまとまりだけを指すわけでは決してありません。「児童の問題関心の集まり」を指します。その問題関心から、何を教えるのかではなく、何を経験させるかが重要なのです。

今回は、いわゆる「生産」の単元と「販売」の単元を1つにつなげて授業づくりをしました。児童の問題関心の接着剤に「直売所」の学習を取り入れ2つの学習のまとまりをつなげました。

【生産】
農家の仕事、工場の仕事、木を育てる仕事、魚や貝などを採ったり育てたりする仕事などから選択

直売所

【販売】
小売店、スーパーマーケット、コンビニエンスストア、デパート、移動販売などから選択

生産者である農家や工場と販売者である小売店との、間の立ち位置にある、「直売所」の「工夫」を学習することで、生産者・販売者の一致した目的である「売り上げの確保」のための「工夫」が児童の学習経験の中でつながることを目的にしています。平成29年版学習指導要領解説社会科編では、この「工夫」を理解することが目標に掲げられています。ここで言われている「工夫」と、児童の言う「工夫」が異なる場合があります。むしろ、この差異に注目させて、「何のための工夫なのか。」ということを児童にしつこく問いかけながら、追及させる過程を通して、「工夫」という視点を児童に獲得させる学習経験をさせます。

経済の仕組みを３年生にもわかりやすく捉えさせるために、

①生産者や販売者は、「売り上げの確保」が一番大切なことで、それが、
　事業の継続や従業員の雇用の最低条件になってくること。
②事業者は、さらに「工夫」を重ねることで、事業を拡大していくことを
　理解させること。

この２点を理解させることが、この単元でできます。

❷ 資料の作り方

　社会科の資料といえば何を思い浮かべますか。３年生の児童は、まず「資料」
という言葉を知りません。３年生では、「資料の形式」と「資料の読み取り方」
を教える必要があります。この単元で多く用いる「資料の形式」は、「表とグラフ」
「地図」「写真」「インタビュー」です。

　また、３年生の場合、教科書は、事例地が異なる場合がほとんどで使えないと
思われがちです。しかし、教科書は非常に重要な「指導書」となります。あくま
で、教材が違うだけです。学習の方法や単元の構成の仕方は非常に最先端で、積
極的にまねをするべきだと思います。資料の作り方も数字などを入れ替え、見た
目をまねするだけで作成できます。

（1）表とグラフ

　平成29年告示の学習指導要領では、３年生１学期に算数科で「表とグラフ」
を学習します。算数の指導をする際に、社会科の資料を読み取る技能をしっかり
おさえ、「社会でも使うよ。」と児童に声をかけるだけでも児童の意識は大きく変
わります。次頁の【資料１】など教科書や副読本の資料の数値を児童に調べさせ
た数値に入れ替えたり、各市町村のホームページに必ずある統計の頁を利用して、
デザインをそのまま参考にすると素晴らしい自作資料が出来上がります。児童の
反応はとてもいいです。

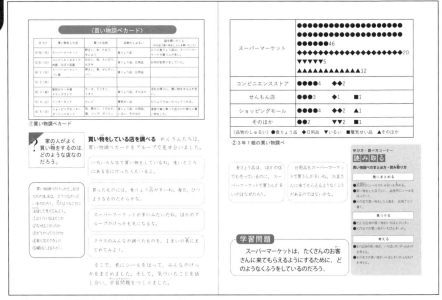

資料1：日本文教出版の教科書（イメージ）

（2）地図

　「地図」の活用は、意外と児童の生活経験に依存できません。そのため、校区、市町村などのスケールの地図で、自分の学校やよく知っている場所を把握させる活動を入れて慣れさせます。毎日通るような場所を2次元に落とし込むということがはじめはできないようで、GISソフトを用いると「ストリートビュー」を使いたがります。その経験から、2次元につなげるとよいので無理に止める必要はありません。GISは資料作りには有効ですが、多くの漢字が読めず、検索もうまくできないため、3年生の児童が1人で使うことは難しいと思います。情報を削ぎ落して教員が加工する必要がどうしてもありますが、一度作成すると年間を通じて使用することができます。もとにする地図は、「地理院地図（電子国土Web）」や市が校区ごとに作成しているものを市の担当の部署に請求したり、副教材に付属していたりする場合もあるので、遠慮せずに編集者に問い合わせてもよいと思います。

（3）写真

　「写真」は、3年生の社会科でもっとも大事な資料の形式といってよいと思います。見学の下見や見学中にとにかく撮影をします。それ1枚だけで、1時間授業ができます。

　例えば、「パン工場に直結」という立地条件の直売所を撮影した写真を児童に提示すると、そこにあるポップの書かれ方や、値段、店内の装飾などに気づき、意見を述べます。「秋だから紅葉の装飾がある。」「秋なのにクリスマスケーキの予約を始めている。」「スーパーより安い。」「手書きの黒板が先生よりきれい。」それらの気づきに、教員が「どうしてだろうね。」と問うことで、色々な予想が児童から自然と出てきます。そうするうちに、聞いてみたいという思いが出てくるので、「インタビュー」の出番です。

パン工場に直結している直売所の写真

（4）インタビュー

　児童が知りたいと思っていることを事前に分類したり、こちらが後で分類しなおしたりすることで、授業で大切にしたい視点に焦点を当てることができます。児童が、社会に直接関わって、活躍できる場を作れると児童は社会に対して興味関心を持ち続けます。これは、政治学の研究成果として実際に示されています。

　生産の単元であれば、学習すべき視点で整理することが有効です。児童の興味関心を最大限尊重しつつ、インタビューする人の熱い想いやこだわりを最後に聞くことで教員が気づかない「工夫」について知ることもできます。

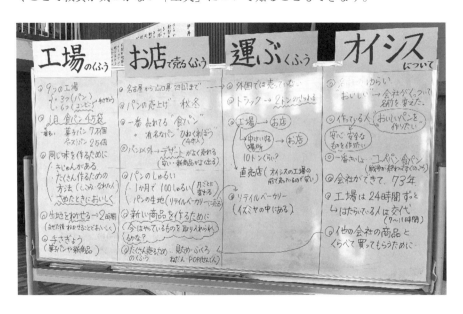

❸ ICT 活用のポイント

（1）資料の提示・共有

　ICT を活用すると、資料を児童の手元と教師が提示するものを容易に一致させることができます。さらに、カラーでの表示、書き込みや、拡大も非常に簡単にできます。「地図」は、拡大印刷したアナログなものが意外と児童も教員も使

用しやすいことがわかってきました。ICT 機器だと一度に視認できる範囲が限られるので、アナログの地図を掲示をして、常に児童の目に触れられる状態にすることができるからです。

（2）仕事調べ・買い物調べ

　Google や Microsoft が提供している「フォーム」を活用すれば、教員の資料作りがとても容易になります。特に「買い物調べ」は、事業所の立地を「地図」上に落とし込み、人気の順位を地図上に書き入れると、資料と資料の「関連付け」が児童にわかりやすいでしょう。市町村のスケールの地図を拡大印刷し、事業所の位置に丸いシールを貼るとうまく仕上がりました。ICT を活用すれば、作業時間を短縮しつつ、児童の興味関心をひきつける丁寧な資料作りが可能となります。

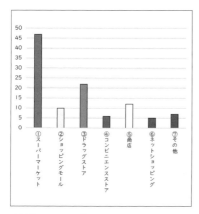

表計算ソフトでグラフ化したもの

事業所の立地を地図に落とし込んだもの

（3）事業所とつながる

　3 年生では、多くの社会見学を計画できます。今回紹介するのは、工場の内部の動画と広報担当の方との「web 会議」を使用した授業です。給食のパンやご飯を製造し出荷しているパン会社のパンの製造過程を動画に撮影してもらい、データで送っていただきました。さらに、広報を担当している方に「Zoom」でインタビューさせていただくこともできました。

❹ 単元の展開例

（1）単元の展開〈19時間扱い〉

第1次　家庭や市の様子から、これから調べる産業と出合う。〈3時間〉

第2次　工場を見学し「工夫」について調べる。〈3時間〉

第3次　工場の「工夫」についてまとめる。〈1時間〉

第4次　直売所の「工夫」を資料から考える。〈2時間〉

第5次　消費者の願いに気づく。〈2時間〉

第6次　小売店が行っている「工夫」に気づく。〈7時間〉

第7次　小売店の「工夫」をまとめる。〈1時間〉

（2）各時の展開例

◎は、前半で紹介した資料等を表しています。

時	主な学習内容	指導上の留意点
1	・おうちの人は、どんな仕事をしているのか調べてみよう。	・家庭への配慮が必要である。本時は省略して問題ない。 ・現在、人気の職業を調査する活動を通して、仕事の種類の豊富さなどを知り、調査の面白さに気づかせるのもよい。 ◎「フォーム」「表とグラフ」
2	・自分たちの市ではどんな仕事をしている人が多いのか資料から読み取り、理由を考える。	・自分たちの市の産業の分布と既習事項である「市の様子」での学びをつなげ、理由を考えさせる。（土地利用の地図や道路など） ・工場など産業の分布図を用意する。（工業、農業、林業、水産業などから、地域の特色に合わせて選択する。本書では、「工業」を事例とする。） ◎「市のHP上の統計」「表とグラフ」

時	主な学習内容	指導上の留意点
3	【学習問題】工場では、どんな「工夫」がされているか調べる。	
	・工業製品の出荷額第2位が食料品であることを資料から読み取る。 ・伝統産業との関わりを考える。	・伊丹市に食料品の工場が多いことに気づいている児童は少ない。パン工場、お菓子の工場を見学するので、食料品の工場について動機づけを行う。 ・酒造業や食品工場で重要な地下水源について触れる。 ◎「市のHP上の統計」「表とグラフ」
4	・工場見学の計画を立てる。	・神戸市に立地しているチョコレート菓子の工場を見学に行くために、どんな「工夫」があるのか、あらかじめ予想を立てさせ、教員が「立地・生産工程・流通・安全」等の見学の視点を分類しておく。 ※伊丹市内で実際の工場を現地で見学できるところがなかったため。 ◎「事業所のHP」
5・6	・工場を見学する。 ・インタビューする。	・視点は、事前学習や事後の学習で獲得させ、見学の際は児童に自由に見学させ、児童の気づきを大切にしたい。 ・児童の質問に対する答え、写真は許可を取って保存しておく。

わかる教え方 Point 児童の問題関心を時間をかけて「工場」に向けることが大切です。「工場」の小単元でも、「売り上げの確保」に触れ、事業者の目的について考えさせる活動を必ず入れます。地域との関わりが非常に大切なので、別の地域で見学した場合、地域とつなげる工夫も必要です。ここでは、第8時でそれを行います。

時	主な学習内容	指導上の留意点
7	・工場見学のまとめを行う。 ※「総合」で新聞等を書か せ、調べたことを発表さ せることも有効である。	・「工夫」に着目させる。「売れる工夫・安全の工 夫・コストカットの工夫・運ぶ工夫」等を分類し、 事業者が売り上げを高めるために「工夫」を行っ ていることをまとめる。
8	・伊丹市のパン工場にイン タビューを行う。	・前時までの工場見学で知った「工夫」を中心に 地域とのつながりなどをインタビューする。視 点は、第4時と統一する。 ◎「web会議」「インタビュー」「工場の動画」
9	・パン工場の直売所の写真 から直売所の工夫を読み 取る。	・工場の「工夫」とスーパーマーケットの「工夫」 をつなげるために、売り場の写真を使用する。 ・フードロス対策で、不揃い品や消費期限の近い 製品を安く取り扱っていることを知る。 ◎「写真」
10	・家の人がよく買い物に行 く場所を出し合い特徴を 考える。	・「スーパーマーケット・ショッピングモール・ド ラッグストア・コンビニエンスストア・商店」 の分類を売り場の写真資料から考え、買い物調 べの結果の予想をする。 ◎「写真」
11	・事前に調査していた買い 物調べの結果を考察す る。	・第10時の「分類別」のグラフと、各店舗別の グラフから、どんなことが説明できるのか考え る。「消費者の視点」を獲得させる。 ◎「フォーム」「表とグラフ」

時	主な学習内容	指導上の留意点
12		
	【学習問題】スーパーマーケットでは、どんな「工夫」がされているか調べる。	
	・スーパーマーケットを見学するための視点を整理する。 ※ここでは、買い物調べで第1位を獲得したスーパーに見学を行った。	・スーパーマーケットで買い物する人が多い理由を考えるため、スーパーマーケットの店舗内の工夫や立地について予想を立て、見学するときの視点にする。 (小売店、スーパーマーケット、コンビニエンスストア、デパート、移動販売などから、地域の特色に合わせて選択する。本書では、「スーパーマーケット」を事例とする。) ◎「地図」「店内の地図」
13	・スーパーマーケットを見学する。 ・スーパーマーケットにインタビューする。	・自由に見学させる。 ・「売り上げの確保」のための「工夫」は何かをインタビューさせる。 ◎「インタビュー」

スーパーマーケットの学習で大切にしたいポイントは、「消費者の願い」つまり需要と、「売り上げの確保」のために、小売店側が「工夫」していることの両者の関係を理解することです。3年生の児童は、その両者の立場を経験をともなって理解してはいません。「買い物調べ」によってまず、「消費者の願い」を家庭で獲得させます。その後、事業者の立場を考えさせます。「消費者の願い」にすべて応える事業者はいないということも理解させて、資本主義社会の「社会の仕組み」について理解する入り口にできたらと思います。

時	主な学習内容	指導上の留意点
14	・売り場の外や中の様子を調べてまとめる。	・駐車場、バリアフリーのスロープ、季節のコーナーやポップなど様々な写真資料を使用して、児童にそれぞれの「工夫」について考えさせる。 ・「消費者の願い」と「売り上げの確保」の関係性について考えさせ、スーパーの店長ならどうするか話し合わせたい。 ◎「写真」
15	・働いている人の様子を調べまとめる。	・服装や仕事内容に注目させ、働いている人にも「工夫」があることに気づかせる。 ・安全性についてもこの時間で考えさせたい。「消費者の願い」の1つでもあるからである。 ◎「写真」「事業者のHP」
16	・産地について、物流や「地産地消」のコーナーから考えさせる。	・日本地図や世界地図を使って遠い地域から仕入れを行っていることに気づかせる。 ・「地産地消」の良い点に気づかせる。 ◎「地図帳」「地図」
17	・チラシについて考える。	・広告について考えさせる。直売所で考えたことを活用し、「売り上げの確保」にこだわる姿勢について考えさせる。 ・特売日と「買い物調べ」での曜日別の買い物の回数を比較し、売り上げの落ち込むタイミングと特売日が合致していることに気づかせる。 ◎「事業者のHP上のチラシ」 「フォーム」「表とグラフ」

時	主な学習内容	指導上の留意点
18	・値引きシールについて考えさせる。	・値引きされる時間帯や、値引きされる商品の特徴から、「売り上げの確保」の工夫だということを考える。 ◎「写真」
19	・スーパーマーケットの店長になって、自分が作る理想のスーパーを考える。	・今までに学習したことから、「経営の方針、店内図、セールスポイント」をプレゼンソフトでまとめて、お互いに見合う。 ・「売り上げの確保」を念頭に置かせ、理想のスーパーを作る。

最後に、「これでは物足りない」という読者に向けて、①「教科書から飛び出した単元構成」について、②「多様なまとめの活動について」の2点を解説します。

①「教科書から飛び出した単元構成」

　例えば、生産の単元では、今回見学させていただいた会社では、あるコンビニエンスストアの「プライベートブランド」の商品を作っていました。「自分の会社で作ったのに他の会社の名前で売るのは宣伝できなくて損じゃないの？」など、一見「売り上げの確保」から逸脱していると児童が思う内容を取り上げてもよいと思います。そのギャップから、「調べたい」という思いが出てきて、学習につながります。また、ポイントカードやPOSシステムについて考える実践も報告があります。

②「多様なまとめの活動について」

　「まとめ、何しよ」という言葉をよく聞きます。年間を通じて「新聞」とすると児童がまとめの活動を説明なしでできるようになります。また、「劇」や「ロールプレイ」など体験的な活動を取り入れることも可能です。近年は、ICTを活用した、「プレゼン」も多い印象です。小学校6年間通じて、可能な限り様々な学習経験をさせられるようにしたいです。

③ 地域の安全を守る働き

地域社会の一員として「安全なくらしを守る」

奈良県生駒市を事例として

執筆者：清水雅代

❶ 特徴 ― 地域社会の一員として考える学習 ―

（1）小学校3年生なりの考えを

　よりよい社会の形成に参画するためには、社会的事象についての意味や特色を理解すること、社会の事柄を自分事と捉えること、社会事的象に関わる課題に目を向けることが求められます。

　地域の人々の命や安全を守る仕事をしている方の苦労や思いに触れたり、身近なところに地域を守ってくださっている方がいることを理解したりすることを通して、自分たちの命や地域の安全を守るために、自分たちにもできることはないかと、背伸びをすることなく、小学3年生なりの自分の考えを持たせることをねらいとします。

（2）子どもたちに一番身近な大人・保護者を巻き込んで

　子どもたちの安全を見守ってくれているのは消防や警察の方だけでなく、身近な自分たちの親も同じ思いでいるはず。保護者も子どもたちの安全を願っておりその思いに気づくことで、子どもたちの考えもより深まっていくと考えられます。

（3）振り返るのは実生活の自分自身

　事件、事故が起きたときどのような行動をとればよいのかは学習しますが、未然に防ぐという観点から考えさせます。既習内容から、普段使っている施設や設備が自分たちの命を守るものであるということに気づいた子どもたちに、もっとそれらを意識して生活させます。

それには何気なく通っていた横断歩道でも、地域の方が見守りをして下さっている中、自分たちはどのように登下校すればよいか、身を守る手段を考えさせます。例えば、「この道路は道幅が狭いので、少し遠回りになるが広い道を選ぶ」「横断歩道の前では一時止まって車が来ていないか安全確認をする」「暗い道なので夜は電灯が多いこの道を通る」など。

　また、交通に関してだけでなく普段の意識づけとして「身を守るキーワード『いかのおすし一人前』をわすれずにいたい」「こども 110 番の家の場所を覚えておく」という思いも大切に認めましょう。

（4）自ら行動にうつす子どもたちに

　単元の終末には学習したことをもとに自分たちにできることを交流し合い、実践につなげます。安全を守る取り組みの対象を地域、校区、校内と何に注目するかは子どもたち次第ですが、単元を通して、大人たちが普段から子どもたちを守るためにしていることを具体的に取り上げておきます。例えば、警察からは交通ルールの啓発を目的とした下敷きをもらったり、登校時間には保護者が交通の見守りをしていたり、自分たちを守るための人々の営みに気づくことができるように指導しておきましょう。

❷ 資料の作り方

（1）子どもを引き付ける具体的な資料作り

　3年生の学習は地域を教材化します。学んだことが教科書上の話で終わらず、自分（たち）のこととして考え続ける子になるために、いかに子どもたちの身近な事柄から資料作りをするかがポイントです。

　それには人との関わりから学ぶとよいでしょう。

> **ゲストティーチャーや社会見学**
>
> それぞれの役割やはたらきといった新しい知識を獲得できる。
>
> 命を守る仕事をしている方の苦労や思いに触れることができる。

> 地域の方をはじめ、たくさんの人に見守られているんだ！じゃあわたしたちになにができるかな？

　身近なところでも地域を守ってくださっている方の存在を意識することで、地域の中でできることはないか小学3年生なりの自分の考えをもつ子が育つと考えられます。対面でなくとも、NHK for School を活用することで、消防署や警察署の方の仕事について動画で見ることができます。

（2）校区地図を使って

　3年生は1年を通じて地域への理解を深めていきます。そのため1年を通して市の地図を大切に使っていきます。市の地図を模造紙ほどの大きさに印刷し、単元ごとの情報を書き足していき、地図を利用することで自分が住んでいる地域との空間的認識をつかませることにもつながると考えられます。その際、縮尺について随時おさえ、距離の感覚をつかませましょう。本単元であれば自分たちの家や学校からどのくらいの場所に消防署や警察署、交番があるのかを視覚的に捉えることで、自分たちの生活は見守られていると気づきます。

イメージ図

市の地図

校区探検で見つけた校区のひみつ（地図記号であつかわれるものを中心に）

工業、農業に関する場所みんながよく利用するお店の位置

・消防署や消防団の場所
・安全マップ（事件・事故に関する危険個所で気を付けたいことも）

※のちに第4単元も加わる。

地図を作成するときは
子どもたちと何を書き入れればよいかを考え、
子どもたちの手書きで作成すると
その学級オリジナルのものが出来上がる。

（3）インターネットや地域副読本、地方の新聞の活用

	インターネット	地域副読本	地方紙
活用	各市や県警のHPから事件事故発生件数や場所、市の取り組みといったリアリティーのある情報を用いる。	各市町村に関するデータを用いる。次項でロイロノートでの活用について記載。	最新のニュースを用いる。今回も奈良県に交通死亡事故多発警報が再三にわたり発令されていた。
よさ	大きな数の概念が捉えられていないとしても、増減から「どうして事故発生が減ったのだろう」と疑問を持つきっかけになる。	地域副読本はその地域で作成されたものであることから、指導者が資料を作成するための労力も軽減できる。	新聞はいまやネットでも読むことができる。ネットもそうだが、子どもたちは調べればすぐ事実に出合える。

　現在は一人一台端末で子どもたちでも調べることが容易になりました。とはいうものの、指導者が足を運び時間を費やした資料は、指導者の指導力を高めることにもなります。インターネットや副読本、地方紙の情報を合わせて授業の中で活用することで、子どもたちがより深く考えることができるでしょう。

❸ ICT 活用のポイント

他の単元でも述べられていますが、ここでもやはりロイロノートを活用するメリットを述べます。また自治体で採用している端末にもよりますが、Google ドキュメントやスライドも子どもたちが活動する際に活用できます。ここでは、ロイロノートは個人活動、Google はグループ活動という使い分けをしました。また単元終末ではタブレットを使って啓発活動も行いました。単元の展開例もご覧ください。

（1）ロイロノートで個人活動─資料提示─

全体に提示した資料を「資料箱」の機能から子どもたちに渡すことができ、1時間の授業で終わらずにいつでも見直すことができます。細かい部分は拡大

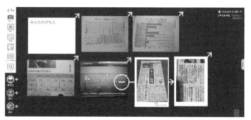

することも、選択することもできるので、一人一人にあった学び方ができます。板書も資料として毎時間分、資料箱へ入れることも有効です。

（2）ロイロノートで個人活動
─毎時の振り返り─

毎時間終了時、振り返りを行うことで子どもたち自身も指導者も変容が見ることができます。これまでは筆者もノートやワークシートを使って、子どもたちに振り返りをさせていました。しかしロイロで行うと、振り返りを書く際に考えるヒントとなった資料とともにまとめさせることができます。この図は、教科書をカメラで撮り、テキストの中に貼り付けています。さらにテキス

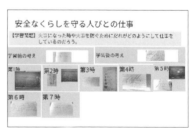

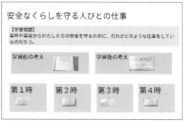

トの中にカードを入れる機能を使って文章を書くことも可能です。本単元では1時間ごとのテキストも1枚のテキストの中に学びを蓄積し、一目で振り返りの変容を見て取れるようにしました。なお、この例の一部はキーボードで打っていますが、3年生の学習ではまだローマ字を習い始めたばかりで授業中にすべてを打ち込むことは困難な子もいます。そのためノートに書いたものをカメラで撮り、貼り付ける方法も取り入れました。

（3）ロイロノートで共有

　個人活動でロイロノートを活用すると書いたものの、「回答共有」機能を使えば、一人一人が書いたテキストや写真を全体に写すことができます。それは一人一人のテキストを選択し見ることも可能です。

　　手順①指導者へテキストを提出させる。

　　　　②提示したい「提出箱」を指導者が選択する。

　　　　③画面中央付近の青字「回答共有する」を選択する。

（4）Google でグループ活動―話し合い―

　「距離をとって活動をしなさい」と子どもたちによく呼びかけます。

　グループ活動をしていたら自然と頭を突き合わせ、皆で頭をひねりながら考える姿が今となっては懐かしく思えてきます。そこで、離れていても一緒に考えをまとめることができる Google をおすすめします。共有の設定をすれば同時に書き込みができ、その書き込みにコメントも載せることができます。作品を作成する際にはアドバイスや相談をする様子もありました。単元の中では「だれ一人交通事故にあわないようにするためにはどうしたらよいだろう。」という問いを投げかけ、グループで意見をまとめました。ドキュメントを使用すればすぐに一度に他の意見に触れることができます。どのような状況下でも他者との交流の機会を失わないようにしたいですね。

第
2
章

❹ 単元の展開例

第1次　安全なくらしを守る～火事から人びとを守るために～〈6時間〉

時	主な学習内容	指導上の留意点
1	・教科書 P.90 や P.91 の写真から火事や事件が起きればだれが、何をしているのかを予想する。	教材との出会い～教科書・副読本の活用 ・火事や事件事故が起きるとどうなるのかも考えさせておく。 　例：火は安全に使えば便利なのに、一歩間違えれば家や大切な人、ものを失い悲しい。 ・安全を守る働きについて話し合う。 　例：消防士の方が消火してくれている。 　　　交番のおまわりさんがパトロールをしている。 　　　学校でも避難訓練をしている。
	・身の回りの危険について考える。 ・火事から地域の安全を守るための働きについて学習問題をつくり計画を立てる。	・地域や身の回りにはどんな危険があるのかを、危険カードを作成し再確認させる。 ・教科書や副読本を見て、火災が起きる原因には様々なものがあることを理解させる。 ・生駒市の火災件数を検索し、生駒市の実態を把握させる。
	【学習問題】火事の時、火事を防ぐために、だれが、いつどこで、どのような仕事をしているのだろう。	
2	・消防署の人たちがどのような仕事をしているのかを理解する。	社会認識を捉える ・教科書より、8分以内に消火活動を行えば、燃え移るのを防ぐことができることを理解させる。 ・副読本より、生駒市にある消防署・消防団の存在や、NHK for School の動画で、消防署の仕事や消火活動の流れを理解させる。

時	主な学習内容	指導上の留意点
3	・関係機関の人たちがどのような仕事をしているのかを理解する。 ・身近な消防施設の仕事について理解する。	・火事が起きたときの通信指令本部の様子を中心に関係機関の働きを理解させる。 ・教科書や副読本の消防団の方のお話から、地域にはたくさんの消防施設があり、消防団の方々も守ってくださっていることに気づかせる。 ・市の防災訓練についても触れておく。
4	・校内消防フィールドワークを行いまとめる。	・学校内にある消防設備を調べさせる。模造紙に書き込ませ視覚的に多くの設備が身近に存在することを知り、「自分の命は自分で守るんだ」と意識づけさせる。
5	・安全なくらしを守るのはだれなのか考え、発表する。	自分事として考える ・消防の働き、地域の働き、身近な設備の3つの面からまとめさせる。 ・自分たちにできることは何か問う。
6	・火事を起こさないようにするために何ができるか考え、理由もつけてスローガンにして発表する。	例）火事を防ぐいちばんの方法は一人一人の心から 理由：24時間、駆け付けられるように消防署の方が交代で勤務していたり、地域の消防団の方も活動してくれたりするが、まずは火事を起こさないよう一人一人の注意が大切だ。例えば…

　本来は生駒市の消防署の方に来てお話を伺いたいが、コロナ禍で来ていただいたり見学に行ったりするのは難しい。消防の方の仕事については教科書にも記載されていますがNHK for Schoolを見せ、どんな仕事をされているのか実際に働く消防士の仕事に触れさせましょう。

　また、教科書にあるグラフや表からもしっかり読み取りも行っていきます。例えば発火から8分以内には現場に駆け付けなくてはいけないという事実を表から読み取らせることで、迅速な対応を求められる消防士の仕事に興味関心をもたせたいです。

第2次　安全なくらしを守る～自分の命は自分で守る～〈10時間〉

時	主な学習内容	指導上の留意点
1	・身の回りの危険について考え、事件・事故から安全を守るための働きについて学習問題をつくり、学習計画を立てる。	教材との出会い～配布物・副読本の活用 ・朝の会でも登下校の交通安全について呼びかけておく。校区の安全マップから車がよく通るところも復習する。 ・小学校区でも交通事故は発生しており、他人事ではない切実さを感じさせる。 ・副読本の統計からも交通事故は起きており、事故は身近なことと捉えさせる。 ・だれが地域の安全を守っているのかを考えさせる。
	【学習問題】事件や事故からわたしたちの安全を守るために、だれがどのような仕事をしているのだろう。	
2	・交通事故が起きたとき、警察署の方がどのような仕事をしているか調べる。 ・警察署の仕組みで終わることなく、守ってもらっているという意識をもつ。	・動画を見て、警察署の人たちの仕事を理解させる（NHK for School）。 ・事件や事故が起きた後だけでなく、自分たちを近くで見守ってくれている交通指導員の仕事から、事故を減らすための取り組みについても調べさせる。 ・事件や事故から私たちを守ってくださる方々の思い（嬉しいこと、悔しいこと、悲しいこと等）にも触れる。

時	主な学習内容	指導上の留意点
3	・110番の仕組みについて調べる。	・119番通報と比較しながら、連絡を受けると通信指令室に集められ、関係諸機関が連携して対処していることを理解させる。
4	・警察署の方の働きについて調べる。 ・警察署の中には、専門的な仕事に分かれ、いろいろな事件事故に対応できるようにしていることを理解する。	人の営みから学ぶ ・警察署の方にお越しいただき、地域の安全を守る仕事をするうえで大切にしていることや、どんなまちにしたいか等、願いや思いに触れられるようにする。
5	・地域の施設や設備を整えることで安全が守られることを理解する。	・交通指導員の方のお話や施設設備の写真から、施設や設備を整えることでも交通事故を防ごうとしていることを理解させる。 例）歩道橋、標識、横断歩道、信号、ガードレール、縁石　等
6	・地域を守る活動 地域の人とともに安全を守るために行われている活動について調べ、活動の意味を考える。	・各学校あてに通学路のチェックをするよう国から連絡があったことも伝える。 ・他の市では、幼稚園児も地域の一員として安全を守る取り組みに参加していることを伝える。

時	主な学習内容	指導上の留意点
7	・事故や事件から安全を守る人々の働きについてまとめることができるようにする。	配布物の活用 ・警察が交通安全の下敷きを配布していることを通して、なぜこのような下敷きを子どもに配っているのかを考えさせ警察署の方の思いや願いを理解させる。 ・どうして1年生のころ防犯ベルをもらったのか考えさせる。 ・守ろうとしてくれている人がたくさんいる中で、受け手である自分の行動は願いに応えるものになっているか、普段の生活を振り返らせる。
8	・生駒市のHPより「生駒市の火災・救急件数」から身近なところで事故は起きているという認識をもつ。	・安全マップを用意していても実際には事故が起きていることに気づかせ、他人事でないことを意識させる。 ・生駒市のHPより交通事故や一般負傷の件数が年によって増減していることや奈良県警のHPより令和元年よりも2年度には児童や高齢者の交通事故が減っていることにも気づかせる。
9	・わたしたちにできることを考える。	ICT・新聞の活用～今現在の情報で揺るがせる ・事故が減っていると思っているところに、奈良県に交通死亡事故多発警報発令がされたという記事を提示する。 ・児童が発表することはすべて大事だが、まず取り掛からないといけないことは何かを考えさせる。

時	主な学習内容	指導上の留意点
10	・（校区、小学校のみんなの）安全を守るために自分たちにできることに取り組む。	・校内でもできることは数多くあるので、子どもたちにできることを考えさせる。 例）ポスター、ルールブック、読み聞かせ、校内放送、低・中・高学年向けにニュース報道のように動画をとる等

①絵本をスキャン
②ロイロで１頁ずつ音声を録音
③全頁をつなげる
④「資料箱」「学内共有」に保存

読み聞かせに教室を回らなくても、教員が操作するだけでいつでも聞かせることができます

低学年向け　安全読み聞かせ

Point わかる教え方

　地域や自分自身を守るために、３年生でもできることを既習内容から考えたり、選択・判断したりすることを繰り返すことで、これからも社会の一員として自分ができることを考えられる子に育つと考えられます。それが今現在できることなのか、大人になったらしたいことなのかを区別して考えることが重要です。

　今回の授業でまずは、「車に乗る人に気を付けてもらう」のではなく、「身近な運転手であるお家の人に警報について話をする」と自分から行動できる児童に育ってほしいと考えました。

　９歳の子どもたちが大人社会を変えるのはなかなか難しい。だからこそ自分に関わる様々な立場の人が、どんな思いでどのような取り組みをしているのか丁寧に学習することが大切です。

④ 市の様子の移り変わり

学習者端末
活用

関連付けに重点を置いた「市の様子とくらしの移り変わり」

奈良市を事例として

執筆者：山方貴順

❶ 特徴 ― 関連付けに重点を置いて ―

（1）本単元の特徴

　下の資料から、人口が推移することで、世の中はどのような変化があった、もしくは今後あると予想できるでしょうか。

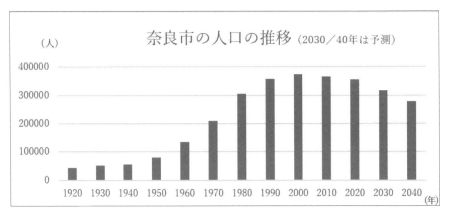

世の中の変化の予想（例）

・人口の増加期は、ニュータウン等宅地が増え学校や駅も新設された。

・今後予想される人口の減少期は、学校の統廃合や、住民サービスが低下するかもしれない。また、労働力不足で、AI 等に頼らないと、現在の生活を続けていけないかもしれない。

　上の例では、複数の視点（人口と、土地利用や公共施設）を関連付けています。本単元の特徴はこのような、視点の関連付けにあります。

（2）5つの視点

　この単元で関連付ける視点は、5つあると考えられます。①交通、②公共施設、③人口、④土地利用、⑤生活の道具、です。では、それぞれ何を子どもに示せばよいのでしょうか。1つずつ見てみましょう。

①交通
・主要な道路 ・鉄道や駅 ・駅や道路等の地下化 ・海運　等

②公共施設
・警察署や消防署の数 ・市役所の数や場所 ・郵便局の数や場所 ・学校の数　等

③人口
・左頁のような推移 ・未来の予測　等

④土地利用
・住宅地／田畑／山地の広がり ・ニュータウンの開発 ・海の埋め立て　等

⑤生活の道具
・世の中の変化、特に時間の使い方 　がわかりやすいもの 　→洗濯機がおすすめです

　これら①～⑤の視点は、各市区町村によって異なるでしょう。例えば、私が勤務する内陸県にある奈良市では、①交通の海運は考えられませんが、いわゆる高度経済成長期には、私鉄の新駅が複数作られています。この例のように、視点の中から子どもがイメージしやすい事例を選んでください。

（3）学習の進め方―視点を学ぶ順に気を付けて―

　子どもが複数の視点を関連付けて考えやすくなるよう、視点を学ぶ順も考えてみてください。なお、一番目に設定したい視点は、何といっても変化が大きく、子どもの予想を裏切るものです。そこで私は、①交通か③人口が多くの市区町村で有効なのではと考えています。

①交通の例	
現在 →	**過去**
特急停車駅 →	無人駅
駅ビル →	木造平屋の地上駅

③人口の例
・変化の大きいところをマスキングし、 　子どもに予想させる。 ・予想した理由も尋ねたい。

❷ 資料の作り方

（1）棒グラフの作り方

70頁にある棒グラフは、自作したものです。一度自作してしまえば、見せ方のアレンジや、マスキングが容易になります。ここでは、エクセルでの棒グラフの作り方をお伝えします。

①データ収集・整理

まずは、年代と、その年の人口を調べましょう。なお奈良市は、市のHPに掲載されていました。そして、右の図1のように、エクセルで表に整理してください。図1では左の列に年代を、右の列に人口を入力しています。今回は、人口のおおまかな推移をつかませたかったため、10年刻みにして、人口も概数にしています。

1920	43000
1930	51000
1940	55000
1950	80000
1960	135000
1970	210000
1980	306000
1990	357000
2000	375000
2010	367000
2020	356000
2030	318000
2040	279000

図1　年代と人口

②「おすすめグラフ」機能で棒グラフ作成

エクセルで表にできれば、それらの数値を選択した上で「挿入」→「おすすめグラフ」をクリックし、「集合縦棒」を選択するだけで、瞬時に70頁のような棒グラフを作成できます。

図2　「おすすめグラフ」機能

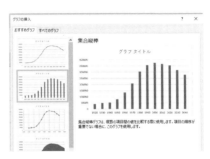

図3　集合縦棒

③ひと手間かけることで、社会科学力が身に付く

作成した棒グラフのままだと、社会科の資料としては不十分です。それは、単位が表示されないためです。そこで、テキストボックス等を使って、「（年）」や「（人）」という単位を忘れずに入れてください。こうしたひと手間によって、子どもの社会科学力が身に付きます。

（2）棒グラフの見せ方

ここでも、ひと工夫することで、資料がぐっと有効になります。

①マスキング

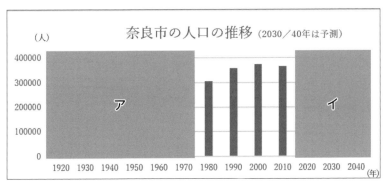

図形等を挿入して、カードで資料の一部を隠すことで、マスキングができます。隠す場所は、上のアやイのように着目させたいところがいいでしょう。

②人口を5万人刻みに

一度自作してしまえば、縮尺を大小するだけで、右のように5万人刻みの資料を作ることもできます。

見せ方の変化を通して、資料を正しく読み取れる子どもを育成してください。

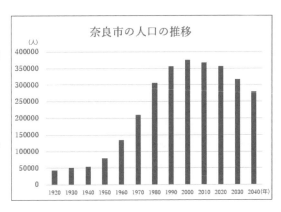

❸ ICT活用のポイント

下のような問題に遭遇したことがあるのは、私だけではないでしょう。

> （1）ノートを忘れて振り返りを書けない子がいたり、資料を紛失する子がい
> たりして、子どもが単元前半の学びにアクセスできない。
> （2）子どもが興味をもって学習を進めていくうちに「もっと書きたい！」と
> いう状態になったが、スペースの関係でこれ以上書けなくなってしまう。

ICTを活用することで、上の問題を克服できますし、本単元の特徴でもある、複数の視点を関連付けて考えさせることもスムーズになります。

（1）散逸・紛失を防ぐ

例えば、多くの自治体で導入されているロイロノートを活用すれば、散逸や紛失を防ぐことができます。

右の図1の上部のように、ノートを単元ごとにすると、散逸・紛失をずいぶん防ぐことができました。

当初私は、図1の下部のように、1日ずつノートを作らせていましたが、単元ごとのまとまりが強い社会科では、単元ごとにノートをまとめることが有効でした。

上のエピソードのように、単元のどの時間であっても、単元前半にアクセスし振り返りができる点に、ICTならではのよさがあると考えられます。

図1　社会科のノート

（2）構造的な振り返りを作らせることができる

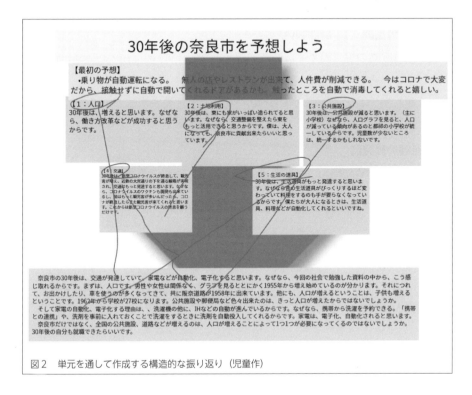

図2　単元を通して作成する構造的な振り返り（児童作）

　上のものは小学3年生の児童が、単元の終末に作った振り返りです。毎時、カードを1枚ずつ書き溜めていき、単元を通して完成を目指します。

　ICTのよさの1つに、拡張性、つまり文字や書くスペース等の追加が容易にできることが挙げられます。学習が子どもにとって楽しければ楽しいほど、子どもが書く分量が増えていきます。すると、書くスペースが足りなくなってしまうことが、よくあります。しかしICT端末の拡張性によって、この問題を克服することができます。

　また、この拡張性は、関連付けとも相性がいいといえます。それは、学習を進めるにつれて、次々気づいてくる関連を、そのときそのときに、書き足すことができるためです。

　端末活用を目的ではなく、手段として、学習を進めていくことが重要です。

❹ 単元の展開例

（1）単元の展開〈11時間扱い〉

第1次　5つの視点の変遷について調べる〈7時間〉

第2次　30年後の市について考える〈3時間〉

第3次　30年後にうまく生きるために必要なことを考える〈1時間〉

（2）各時の展開例

時	主な学習内容	指導上の留意点
1	・未来に目を向ける。	・近未来に関する動画を視聴する。 ① 　　　　② 　　　　③ ①総務省「Connect future～5Gでつながる世界～」 ②総務省「Connect future～5Gでつながる世界～（技術解説）」 ③トヨタ自動車「Woven City イメージビデオ」
	・学習問題をつくる。	・「自分の住む市（区町村）の未来もみんなで考えてみよう」と伝え、以下を導く。
		【学習問題】30年後の〇〇市を予想しよう。
		・未来を考えるためには、まず過去を知ることが重要であることを伝え、過去を学ぶ意欲とする。
2	・市の人口における推移について調べる。	・棒グラフ等の資料を自作し、マスキングを使い、児童の興味をつかみたい。 ・人口の推移は、今後の学習とも関連するため、きちんとおさえておきたい。

時	主な学習内容	指導上の留意点
3	・市の土地利用における推移について調べる。	・QR コードで示した「今昔マップ on the web」がたいへん有効な資料となる。同じ地点の過去と現在を左右に並べて表示することができる。

特にニュータウンは変化が激しく、推移を理解させやすいです

時	主な学習内容	指導上の留意点
4	・市の公共施設における推移について調べる。	・公共施設とは、学校や役所、図書館等を指すため、市町村に応じて、児童が推移をイメージしやすいものを選択したい。

「資料は教師が作るもの」という固定観念を捨て、児童と一緒に資料作りができる時間でもあります。

	小学校	市役所	警察署	郵便局	消防署
100年前	5	1	1	1	0
50年前	21	1	1	1	2
今	43	1	2	2	9

わかる教え方 Point

ここでは、人口の推移と、その年代をきちんとおさえておく必要があります。なぜなら、それらが、他の視点と関連付けて考える「材料」となるためです。そのため、小学校ではあまり好まれませんが、一問一答や穴埋めになってもかまわないと考えます。その上で関連付けて考える際は、教師が誘導しすぎず、児童たちの力を信じ、話し合わせ、視点が互いに関連し合っていることに気づかせましょう。

時	主な学習内容	指導上の留意点
5	・市の交通における推移について調べる。	・交通とは、大きく、鉄道と道路を指す。駅や道路が新しくできたり、道路が拡張されたりした時期に着目させたい。 ・前の頁で紹介した「今昔マップ on the web」が有効である。
6	・生活の道具における推移について調べる。	・生活の道具における変遷を通して、社会構造の変遷（家事時間の減少と、共働きの増加等）と関連付けて考えさせたい。 ・例えば、洗濯機の変遷がイメージしやすい。洗濯板とたらい→ローラー式→二槽式→一層式→全自動→ドラム型と変遷するにつれ、自動化が進んでいることをつかませたい。 ・ロイロノートを使うと容易に、カードを作成し、そのカードを移動することができる。そこで、洗濯機と特徴を記したカードを作成し、「洗濯機並び替えクイズ」がおすすめである。カードを児童に配布し、年代順に並び替えさせたい。

②洗濯板とたらい　ぎざぎざでよごれが落ちる

④手回し洗濯機　ボールの中に洗濯物・お湯・洗剤を入れ、ぐるぐる回す

⑤一槽式洗濯機　洗濯後、ローラーで水をしぼる　洗濯物と洗剤を入れると、機械が自動で洗濯

①二槽式洗濯機　洗濯槽　洗濯物と洗剤を入れると、機械が洗濯　脱水槽　ぐるぐる回って脱水　左から右への移動は、人の手で

③乾燥機付き洗濯機　洗濯物と洗剤を入れると、洗濯から乾燥までしてくれる。

洗濯機並び替えクイズ（教師作）

時	主な学習内容	指導上の留意点
7	・年表にまとめる。	・すべての事象でなく、各視点の代表的な事象に絞って年表に表すとよい。 ・関連付けに気づかせるために、矢印を使って、関係のある事象をつなぐことも有効である。
8	・食の安全・安心に対する取り組みについて調べる。	・学習問題「30年後の○○市を予想しよう」に対する回答を考えさせる。

　30年後はすごく便利な生活をしていると思います。なぜなら、掃除機や炊飯器、洗濯機などがもっと発達したりAIなどができたりして、自動運転の車ができたりして、住みやすくなっていると思います。例えばAIが、お店に物を注文したり冷蔵庫についているAIが無くなりそうな食品を注文してくれたり、条件なしの完璧な自動運転車ができたりすると思うからです。あと自動で田植えを、自動の車もできてくれたら嬉しいです。

　30年後の私はこんな生活をしていると思うのが3つあります。
　1つ目は、オンラインを使って仕事をしていると思います。なぜならコロナウイルスが収まっていても、また新しいウイルスを生み出すかもしれなくて怖いからです。職場に行ってウイルスを生み出してしまったり、持ってきてしまってかかったりしてしまうとオンラインを使った仕事をした方がかからないのかなと思いました。
　2つ目は、全てのことロボットがしてくれていると思います。なぜなら今までのことをしてきた中、「30年後の奈良市を予想」の「人口」というところでロボットが大体のことをしてくれていたからです。

児童の作文の例（児童作）

	・現段階では、例のように、これまで学習してきたことを書くというよりも、単に自分の考えを書いているだけの児童も多い。まだ不十分であるが、検討する時間をこの後に確保するため、本時はこれでよいと考える。

第6時は、生活の道具の変遷の理解に終始してしまいがちですが、それだけでは不十分だと考えます。「どうしてそのように変わったのか？」「人々のどんな願いがあったのか？」と問うことで、変遷そのものだけでなく、「時間をつくり出したい」「家事以外に時間を使いたい」という人々の思いや願いを抽出することができ、家事時間の現象や共働きの増加という事象と関連付けができます。

時	主な学習内容	指導上の留意点
9	・前時の作文を読み合う。	・前時の作文を、全員が見ることができるようにする。ICT端末を使うとスムーズである。

時	主な学習内容	指導上の留意点
	・いいと思う作文を選び、そのよさを言語化する。	・票が集まった作文に共通する「よさ」を考える。例えば、話し合いから以下を導きたい。 　〇授業の内容に触れている 　〇複数の視点に触れている 　〇複数の視点を関連付けた作文になっている
10	・前時の話し合いを踏まえ、学習問題の解決に再度取り組む。	・前時で導いた「よさ」を伝える。 ・作文が完成したら、これまで書いてきた振り返りに組み込み、児童同士が見合えるようにする。次頁に例を示す。

奈良市の30年後はもっと今より、公共施設や公共交通機関が発達すると思います。なぜなら、今回の社会で勉強した資料の中から、こう感じ取れるからです。まずは、人口です。男性や女性は関係なく、グラフを見るととにかく1955年から増え始めているのが分かります。それにつれて、お出かけしたり、車を使うのが多くなってきて、共に阪奈道路が1958年に出来ています。他にも、人口が増えるということは、子供も増えるということです。1962年から学校が27校になります。公共施設や郵便局など色々出来たのは、きっと人口が増えたからではないでしょうか。
　そして家電の自動化、電子化する理由は、洗濯機の他に、IHなどの自動が進んでいるからです。なぜなら、携帯から洗濯を予約できる。「携帯との連携」や、洗剤を事前に入れておくことで洗濯をするときに洗剤を自動投入してくれるからです。家電は、電子化、自動化されると思うからです。
　奈良市だけではなく、全国の公共施設、道路などが増えるのは、人口が増えることによって1つ1つが必要になってくるのではないでしょうか。
30年後の自分はとにかく楽しみです。車の進化も進んできているし、完全に自動運転してくれる車も出てくるのかな？なんて思ったりして……空飛ぶ車もできるのかな（出来たらむしろ車じゃないんじゃないか？……）

児童の作文の例（児童作）

時	主な学習内容	指導上の留意点
11	・30年後を、うまく生き抜くことのできる人物が備える資質・能力について考える。 ・資質・能力を獲得できる方法を考える。	・第1時で扱った動画（Society5.0等）を再度視聴し、人間の仕事の多くをAIが担うようになっていることに改めて気づかせる。 ・第10時で考えた世の中でもAIが多くの仕事を担うことが予想されることを伝え、「AIが身の回りにある30年後の未来をうまく生きられる人はどんな人でしょう」と問う。 ・「そんな人になるには、どうすればいいでしょう」と問い、資質・能力はすぐには身に付かないこと、そして日々は連続していて、毎日の積み重ねが重要であることに気づかせる。

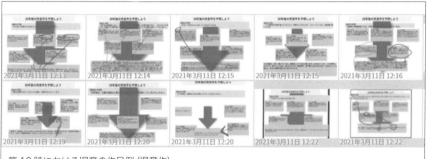

第10時における児童の作品例（児童作）

ICT活用は「まとめが難しい」といわれています。「〇〇しっぱなし」だと、子どもには何も残らないことがよくあります。そこで、教師の側で目標を設定し、どうなってほしい／どんなことに気づいてほしい、という方向性（ここでは関連付け）をもち、そこから大きく外れそうなら、臆せず指導に入ってもよいと考えます。今は教える部分、対話的に学ぶ部分等と教師が自覚できることが重要です。

① わたしたちの県

副読本・
学習者端末
活用

社会的な見方・考え方を働かせるための「問い」

奈良県を事例として

執筆者：中澤哲也

❶ 特徴―「問い」を大切に―

（1）資料と「問い」をセットに考える

　本単元は、自分たちの県の位置や地形、交通の広がりの様子といった様々な資料を教科書や副読本で読み取る活動が多くなります。しかし、ただ資料を読み取るだけでは、目に見える具体的な知識は獲得できるものの、目には見えない概念的な知識を理解し、獲得することはできないかもしれません。児童が具体的知識をもとに見方・考え方を働かせ、概念的な知識を獲得し、社会的事象の見えない意味や特色を見出すためには授業者の「問い」が重要であると考えます。授業の中で１つの資料をじっくり読み取ったあとに、「なぜ」という問いを設けることで、児童が自ら社会的事象の意味や特色を主体的に考えることができると考えられます。

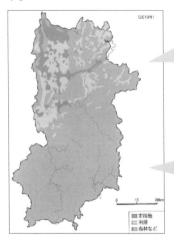

奈良県の人口が多いのは、
どのあたりですか？
（目に見える具体的な知識を問う発問）

県内の北西部に人口が
集まっているのはなぜですか？
（目に見えない概念的な知識を問う発問）

（2）１年間を通して「問い」続ける

　本単元は、自分たちの県の地理的環境の概要を捉えることが最も重要ですが、４年生の社会科の学習内容は、１年間を通して県内の様々な地域の産業や観光、伝統行事や国際交流などを調べていきます。したがって、本単元を通して、地形や人口、産業などを調べた際に「このあたりに住む人たちはどのように生活しているのだろうか」、「なぜここではこの産業が盛んなのだろうか」など、授業者から問いを投げかけておくことで、児童は１年間を通して自分たちの県の特色について主体的に考え続けることができると考えられます。

（3）学年間の系統を意識した「問い」

　社会的な見方・考え方を働かせる学習は４年生が初めてではありません。昨年の３年生でどのような学習をしてきたかを確認することも大切でしょう。３年生の最後の単元は「市の様子の移り変わりについて」であり、交通や人口、土地利用の様子についての学習が行われています。児童が系統的に見方・考え方を働かせ、育めるように学年間の系統を意識した「問い」を設けることが求められるでしょう。

県内のどのような所に
人口が集まっていますか？

３年生の時に学習した「わたしたちの市」
では、〜な所に人口が集まっていたよな。
県内でも同じなんじゃないかな？

❷ 資料の作り方

（1）先生方は忙しい！

　同僚たちとの会話の中でよく耳にするのが、「社会科は何をどうやって教えていいかがよくわからない。」「資料集めや、資料作りに時間がかかる。」「こちらが一方的に教えるだけで児童たちはつまらなさそう。」という悩みです。確かに、他教科の授業準備等で時間が限られている中、研究授業でもないのに、社会科だけにじっくり時間を使うのは働き方としては持続不可能でしょう。そういった課題を踏まえながら、筆者がよく社会科の資料作りで実践している例をいくつか紹介させていただきます。

（2）教科書・副読本の比較

　4年生の社会科の学習内容は地域についてを取り上げることが多いため、授業で主に使用する教材は地域ごとに作成された副読本であると思います。一方で、この副読本だけを使って教材研究を行っても、何をどのように教えていいかがわからない時があります。その場合は、副読本と教科書を比較してみるといいでしょう。副読本と教科書を比較して「違う」部分と「同じ」部分を見つけることで、何を教えればいいかが見えてきます。さらに他社の教科書も取り入れることで、よりはっきりと見えてくるでしょう。

　また、この教科書比較は児童たちの学習活動にも取り入れることができます。副読本を中心に学習を行い、自分たちの地域の特色を理解したあとに、教科書で取り上げられている他県の特色と比較することで、地理的環境の概要が他の地域でもあてはまり、授業で得た概念をより深く、広いものにすることができると考えます。さらに、他の地域とあてはまらない部分は、自分たちの地域の特色としてさらに印象付けることができるでしょう。

（3）マスキング

　教材準備の中でどの資料を使うか選んだり、作成したりするのと同時に、その資料をどうやって児童に提示するかも考えておくことも大切です。資料提示にお

いて効果的な方法の1つがマスキング（隠す）という方法です。単に資料を提示するだけだと、児童はそこから何を読み取ればいいのか、どこに注目していいのかが不明確になり、発せられる意見もばらばらになることがあります。そこで、提示する資料の中で特に考えてほしい部分をあえて隠し、焦点化させ、マスキングした部分を予想させてから、マスキング部分をはがすことで、より今後の学習の展開に関心をもって取り組むと考えられます。

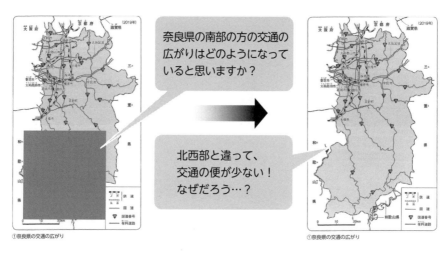

①奈良県の交通の広がり　　　　　　　　　　　①奈良県の交通の広がり

（4）模造紙に学びの足跡を残す

　県の白地図を模造紙に書き、教室に掲示しておきます。4年生の社会科は1年間を通して自分たちの県の特色を学習していくので、自分たちの地域や、県庁の位置、人口の様子や鉄道や国道など、学習したことを白地図に書き込んでいきます。本単元だけでなく、水道やごみの単元でもこの白地図を活用し書き込んでいくことで、より地理的環境から社会的事象を理解することができると考えられます。1年間書き込み続けることで、児童自身もどんな学びをしてきたのか振り返ることができるのではないでしょうか。

　模造紙に白地図を書き写すには、プロジェクターを使うと便利です。黒板に模造紙を張りつけ、パソコンの白地図のデータをプロジェクターで映し出し、ペンでなぞるだけで完成です。4年生を担任すると決まったら、春休みなどを利用して作成しておくといいでしょう。

❸ ICT活用のポイント

（1）資料の整理

　本単元では主に、地形図、土地利用の様子、交通の広がり、市町村別人口、産業など、豊富な資料を用いて県内の様子を学習していきます。児童も課題に対して必要な資料を素早く確認できる環境は整えておきたいものです。紙媒体で作成するのもいいですが、近年は一人一台のタブレット端末を保持しているので、それを有効活用していきましょう。

　筆者が資料整理のためによく利用させるのが、ロイロノートアプリです。児童はロイロノートアプリ内の「ノート」に上記の資料を管理することができ、また必要な時に並べて比較し、気になった部分には書き込んで残しておくことができます。

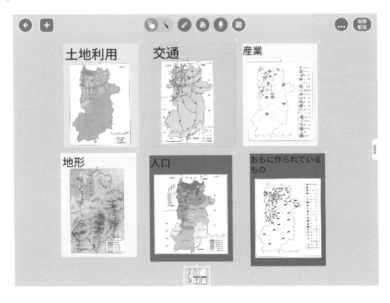

（2）アプリゲームを活用する

　県内の学習を進めるにあたって県内他地域の位置関係も把握しておくとより便利でしょう。おすすめは、「全国ジグソー」というアプリです。県内の市町村をパズルにしたゲームで、楽しみながら他地域の場所を覚えることができます。ま

た、地形の表し方もリアルに再現できており、それぞれの地域の地形の特色がよくわかります。もちろん、奈良県だけでなく、全国版もあるので、興味をもった児童はどんどん自分で地図を完成させていくことができます。休み時間や家庭学習などで取り組むといいのではないでしょうか。

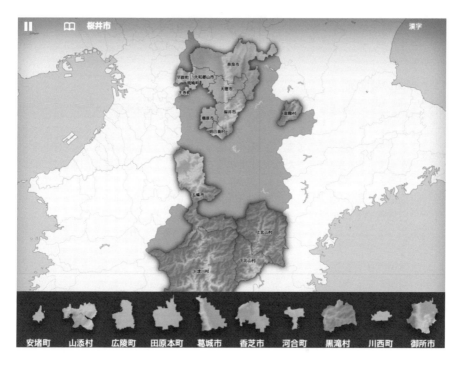

（3）さらに具体的に調べるために

　地図帳や副読本で県内の特色を調べるだけでも十分ですが、さらに関心を高めるために、「Google マップ」を活用することもできます。人口が多い地域と、少ない地域ではどれほど住宅地や商業施設の数や密度が違うのか比較したり、山間部の様子はどのようになっているのか、どんな交通手段を使って隣の県に行くのかなど教室の中で実際に見学に行っているかのように具体的に調べたりすることができるのも ICT のよさであると考えます。

❹ 単元の展開例

（1）単元の展開〈7時間扱い〉

第1次　学習問題をつくる〈1時間〉

第2次　奈良県の特徴について調べる〈5時間〉

第3次　奈良県と他府県の特徴を比較する〈1時間〉

（2）各時の展開例

時	主な学習内容	指導上の留意点
1	・県内の様々な地域の写真を見て、県内のどのあたりか、クイズ形式で白地図に書き込んでいく。 ・白地図や写真を見ながら気づいたことを出し合う。 ・学習問題を設定し、学習計画を立てる。	・県内の様々な様子がわかるものをクイズ形式で提示することで、これからの学習の意欲を想起づける。 ・建物が集まっているところ ・山地に囲まれているところ ・交通が発達しているところ ・田畑が広がっているところ　など
	【学習問題】奈良県はどのようなところなのだろうか。	
2	・奈良県の位置を確認する。 奈良県はいろいろな府や県に囲まれているんだね。 ・様々な県に囲まれていることのよさについて考える。	・日本から見てどのあたりに位置するのか、隣接する府県はどこか、県の形や大きさなども具体的に調べさせる。 ・隣接していることで、どのようなメリットがあるか考えさせることを通して地理的な見方を働かせられる。

時	主な学習内容	指導上の留意点
3	・奈良県の地形の様子や土地利用の様子について調べる。 奈良県の北西部に市街地が集まっているね。 奈良盆地は山に囲まれているのがよくわかるね。 ・地形図と土地利用の様子を比較させながら、県内の地理的な特徴を捉える。	・白地図に色塗りをし、作業的な活動を入れながら、県内の地形を実感できるようにする。 ピンク…市街地　黄色…田畑　緑…森林など ・例えば、奈良盆地が広がるところにピンク色が多いところから、土地が平らなところに家やお店が多く立っていることや、前時の授業と関連させて、大阪や京都への通勤の利便性を考えて県の北西部に市街地が広がっていることなどに気づかせたい。

本単元の導入部分である1時間目は、写真をふんだんに使い視覚的に、またテンポよく楽しませ、関心をもたせることが重要です。写真はインターネットで検索したものでもいいのですが、授業者自身が映り込んでいればなおさら児童は関心を高めるでしょう。県内に出かけるときは普段からそういったアンテナをはり、写真を撮り貯めておくことを心がけるとよいでしょう。

時	主な学習内容	指導上の留意点
4	・奈良県の交通の広がりと人口の様子について調べる。 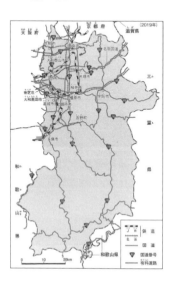 奈良県の北西部は交通が広がっているけど、南部の方は鉄道や有料道路が全く通ってないね。 ・鉄道や国道の広がりの様子について、市町村別人口や、土地利用の様子といった複数の資料を用いて、県内の特徴をつかむ。	・主な鉄道、国道、有料道路などを、色で塗り、県内のどのあたりに集まっているか読み取らせる。 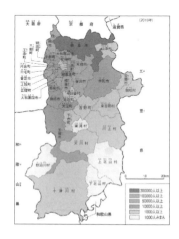 奈良県の北西部と南部は人口がこんなに違うんだね。数字で表すとよくわかるな。 ・例えば、県の北西部は平らな土地も多く、市街地も多いため交通を利用する人が多いので、鉄道や国道が集まっていることなどに気づかせたい。 ・観光客が多い地域の駅の写真を提示し、人口だけでなく、観光と交通のつながりにも気づかせたい。

時	主な学習内容	指導上の留意点
5	・奈良県の産業の様子について調べる。	・県内で主に作られているモノを提示し、どこで作られているかクイズ形式で問うことで関心をもちながら産業や農産物について理解させる。 ・クイズの答えを白地図にピン止めしていき、県内でどのような産業がさかんなのか視覚的につかませたい。

> 北西部と南部では産業の様子が全然違うね。

> いちごや野菜など、田畑でとれるものは北西部が多いね。

・産業の様子と、地形や土地利用の様子といったこれまで学習してきた資料を関連付けて奈良県の特徴をつかむ。	・例えば、県の北西部は大阪府や京都府といった大都市に近く、交通の量も多いため、作った農作物などをすぐに送ることができるということなどに気づかせたい。

時	主な学習内容	指導上の留意点
6	・学習問題に対する自分の考えをまとめる。	・「奈良県はどのようなところなのだろうか」に対して、これまで調べてきた資料を使ったり、自身の振り返りをもとにしたりして、多面的に理解し、友だちに伝えるような工夫を取り入れる。

> あなたは奈良県のことなら何でも知っている不動産会社の社員です。県外から引っ越ししてこられた人に住むところをおすすめするなら、県内のどのあたりを紹介しますか。資料などを使い、根拠を示しながら、社員になりきってプレゼンテーションをしましょう。

〈例1〉 私がおすすめするのは、奈良県の北西部のあたりです。なぜなら、土地利用のと、交通の様子の資料を見てください。この資料からわかるように、北西部は市街地が多く、交通の便も利用しやすいです。このため大阪府や京都府などの大都市に仕事に行きやすくなりますよ。

〈例2〉 私がおすすめするのは、奈良県の南部です。なぜなら、地形の様子と、産業の様子の資料を見てください。この資料からわかるように、南部の地形は山地になっており、人口も少なく、空気の美味しいところで生活することができます。また、現地の木材を取り扱った産業もあり木材を使って、家を建てたり、家具をつくったりすることができますよ。

| | | ・方位や、本単元で習った学習用語(山地や市街地)を用いて説明していたり、複数の資料から根拠を示し表現することができるようにする。 |

時	主な学習内容	指導上の留意点
7	・教科書を使って、奈良県と岡山県の特徴を比べる。	・教科書に記載されている他県の特徴と、これまで学習してきた県内の特徴とを比較させ、地理的環境の概念について気づかせる。

岡山県も奈良県と同じように、山間部に住宅地は少ないね。

比較させるおもな視点
1. 地形と土地利用
2. 人口
3. 交通の広がり

やっぱり岡山県も市街地を中心に交通が広がっているね。

・教科書以外でも、Google マップを利用し、地形や交通の様子など、本時で学習してきた地理的環境の概要を確認することができるので、様々な県と比較してみるのもいい。

本単元は資料を読み取る活動が多くなってしまいます。単に読み取るだけでなく、何を読み取るのか、何のために読み取るのかなど、視点を明確にして取り組ませましょう。また、資料の読み取りが困難な児童に対しては、読み取らせたい部分以外は隠して提示したり、色を塗ったりと作業的な活動を取り入れることで、児童は資料から読み取る内容を焦点化することができます。さらに、イラストだけの資料ばかりでなく、実際に資料に関連する写真も提示することで、資料から読み取った情報を基に県内の特色を考えることができます。

第 **3** 章

2 住みよいくらしをつくる

副読本・
学習者端末
活用

市民的資質の涵養に重点を 置いた「飲料水・ごみ単元」

「社会生活の仕組み」理解に重点を置いて

執筆者：岩坂尚史

❶ 特徴—生活インフラはどのようになっているのか—

（1）単元のねらい

　この単元では、飲料水という人々の生活に欠かせないインフラが安全で安定的に供給されていること、人々の生活において必ず排出する廃棄物が人々の健康を脅かすことなく処理されていることを子どもたちが理解できるようにします。その際、関係諸機関が連携し、協力関係のもとに成り立っているかなどに着目して、子どもたちが調べることができるようにしましょう。

この単元のねらい

〇わたしたちが生活する上で必要不可欠な
　水がどのように供給されているか

〇わたしたちが衛生的な生活を送るために
　廃棄物がどのように処理されているか

（2）市民的資質の涵養に向けて

　本単元では、生活インフラ供給、廃棄物の衛生的な処理の仕組みや経路、県内外の人々の協力などに着目して調べることを通して、私たちの生活が成り立っているということを理解していきます。自分たちの生活が様々な人によって支えられているという社会生活の仕組みを理解することで、供給・処理されてあたりまえという生活を問い直し、無駄遣いすることなく与えられた資源を守っていこうという意識を喚起し、具体的な行動変容につなげていきたいと考えます。単元の最後には、自分たちの生活を振り返り、今の生活を維持していくにはどうすればよいか、自分たちにできることは何かを考えることが重要です。

　また、現状を維持していく社会の一員になることだけにとどまらず、現代社会に山積する課題についても考えることができるようになってほしい。この単元で言えば、埋め立て処分場不足問題や、不適切な廃棄による海洋プラスチックによる海洋汚染など、水の供給や廃棄物の処理に対しての課題があります。それらの問題について目を向け、たとえよい案が出なくとも考えることが重要です。このことは、どの単元でも乗り越えなければならない課題があるという「社会を見る目」につながっていくことでしょう。

　これらが、グローバル化する国際社会を主体的に生きる平和で民主的な国家及び社会の形成者に必要な公民としての資質・能力の1つになると考えています。

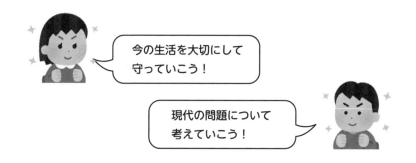

今の生活を大切にして
守っていこう！

現代の問題について
考えていこう！

❷ 資料の作り方

（1）各家庭のごみ処理のカレンダーから

　各自治体が出している資源とごみの出し方に関する冊子がとてもよい資料となります。各家庭にあるはずなので、持ってきてもらい、調査活動を行うことができます。どのようなものが燃やすごみなのか、資源ごみなのかと具体的なものに着目して調べることが大切です。子どもたちの中で、「○○は燃やすごみだったんだ」という認知的葛藤が調べる意欲や理解を促すからです。また、それぞれの回収曜日は、町単位で違うこともあるため、友達同士で曜日が違うことに気づけば、それが問いとなり、計画的に回収していることの理解につながります。

（2）社会の課題を解決するための法ときまり

　海洋プラスチック問題など、プラスチックをいかに処理するかということや限りある資源をいかに使うかということが社会問題となっています。このような背景から、2022年4月からは「プラスチックに係る資源循環の促進等に関する法律」が始まっています。この法律は、ごみとなるプラスチックを減らすため、プラスチック製品の製造から廃棄、リサイクルに至るまで、それぞれの段階での対策が定められています。我々の生活の身近なところでは、容器包装リサイクル法に関連する省令の改正により、レジ袋の有料化が始まっています。このような現代的な課題を考えることを通して、未来にも目を向けられるよう促すことが重要です。

プラスチックは えらんで 減らして リサイクル

プラスチックに係る資源循環の促進等に関する法律が2022年4月1日に始まります

出典：環境省「プラスチックに係る資源循環の促進等に関する法律」の普及啓発頁
https://plastic-circulation.env.go.jp/

（3）教科書のごみ量推移のグラフ提示の工夫と学習問題の設定

　どの教科書や副読本にも各自治体の年度別のごみの総量のグラフが掲載されています。例えば、下記は東京都23区のごみ量推移です。戦後から景気回復のため、大量生産・大量消費が行われ、ごみが増え始め、社会問題となりました。そこで、1990年初頭にリサイクル法が制定され、排出抑制・再生利用が意識され始め、徐々にごみは減っています。

　教科書のグラフを読み取らせ、減少傾向に着目させて、「どうしてごみは減っていったのだろう」という学習問題を設定することが考えられます。この気づきを促すために、これらの資料を提示する際には、ピーク時以降のごみの量を見えないようにしたり、スライドショーなどで各年の総量が順を追って提示されるようにしたりすることができます。このように一工夫することで、子どもたちにとっても馴染みやすく考える動機となります。

23区のごみ量推移（明治34年度〜令和元年度）

単位:万トン

※　明治34年度〜平成11年度は、「東京都清掃事業百年史」から引用
※　明治34年度〜昭和6年度は東京市（中心部15区）の区域内、昭和7年度以降は現在の23区とほぼ同じ区域となる。

出典：東京23区清掃一部事務組合 HP
　　　https://www.union.tokyo23-seisou.lg.jp/somu/koho/toke/nakami/index.html

❸ ICT 活用のポイント

（1）個別的な学びを促すために

①学習計画を立て、それぞれの問いを解決する

　一人一台の端末が整備されたことの大きなメリットは、自身の学習に対して自己調整しながら、自身の学習状況に合わせて個別に学習を進めることができることです。単元を貫く学習問題ができた後は、その学習問題を解決する小さな問いについてインターネット等の視覚・動画資料で調べます。この単元では、「出されたごみはどのようにして処理されているのだろう」という問いに対して、「燃やすごみ」「資源ごみ」などそれぞれによる処理について調べること、「水をきれいにするにはどうしているのだろう」という問いに対して、浄水場、森林といったそれぞれの場所でそれぞれの工夫や努力を調べることを端末によって行います。これらの小さな問いを個別に調べるための時間をたっぷりとり、机間巡視を

して、子どもたちの作品を見ながら、取り組みをよりよくするように個別に指導していきます。

②自由にアクセスできる資料フォルダの作成

よりよい個別最適化の学びを実現するために、自由に調べることができるようにするだけではなく、関係する資料や映像を教員があらかじめ用意しておき、子どもたちに自由にアクセスできるようにしておくようにしたいものです。特に視聴覚資料は、子どもたちも興味をもって見る傾向があるので、NHK for School などのごみ処理の様子や浄水場の様子などの URL を、ロイロノートの「資料箱」や Google Classroom などにストックしておくとよいでしょう。また、教科書や副読本の資料から必要に応じて切り取ったり強調したりしたものをデータとして保存しておくと、子どもたちがまとめる際には役に立ちます。

③デジタル地図の活用

「水はどこからやってきているのか」や、「自分たちが出したごみがどこで処分され埋め立てられているのか」との問いについて調べる際には、実際に地図でたどってみる活動を行うことをおすすめします。もちろん、地図帳でもよいですが、縮尺がそれほど細かくないため、子どもたち自身が個別に「水の旅」「ごみの旅」を地図帳より詳細に追うことができるグーグルマップやグーグルアースなどICTが有効です。

（2）お互いの学びが可視化できるような協働的な学び

ICT 環境が充実したことにより、子どもたちの端末同士がアクセスしやすくなったことが利点としてあげられます。お互いが進捗状況を自由に見合うことにより、「このようにまとめればよいのか」と自身の学びに活かすこともできます。また、同じ内容のことを調べた際でも、それぞれによって、調べたことは違います。「こういうこともあったか」と自身の調べたことに対して上書きされて新たな知識となります。このようにして協働的な学びを促していくことが重要です。

❹ 単元の展開例

（1）単元の展開〈17時間扱い〉

第1次　飲料水の事業について調べる〈8時間〉

第2次　廃棄物を処理する事業について調べる〈9時間〉

（2）各時の展開例

第1次　飲料水の事業について調べる〈8時間〉

時	主な学習内容	指導上の留意点
1	・いつどんな時に水を使っているかを想起する。 ・水を使う際にどれだけの量を使っているかを調べる。	・炊事洗濯といった家庭に関わるものから、火災の消火活動など水は生活に欠かせないものであるということが実感できるように自由に発言させる。 ・具体的な資料から調べることができるように準備をしておく。
2	・校内の蛇口の数を調べる。	・具体的な調査活動を取り入れ、学校での自身と自分たちとの関わりについて実感できるようにする。
3	・水の経路について考える。 ・学習問題をみんなで設定する。	・蛇口の前の私たちをゴールに、逆向きに水の行方について予想した後、水の通り道として山、ダム、川、浄水場を経由していることがわかるようにする。
	【学習問題】生活に欠かせない水は、それぞれの場所でどんなことをして私たちのもとへ届いているのだろうか。	
4 ・ 5 ・ 6	・浄水場、ダム、水源林においてどのような取り組みがされているかを調べる。	・教科書、資料集、あらかじめ教員が用意した資料、インターネットなどから自身の端末を活用し、調べる。

時	主な学習内容	指導上の留意点
7	・学習問題について調べたことについて自分なりにまとめる。	・調べたことをお互いに交流しながら、作成することができるようにする。
8	・今までの学習をもとに自分たちにできることを話し合う。	・様々な場所でいろんな人が努力・苦労をしていることなどをふまえ、選択・判断する際には、社会的事象を根拠として示すことができるようにする。

学びを振り返りながら語り合う姿〈第8時〉

蛇口をひねれば当たり前のようにきれいな水が届いているけど当たり前じゃなかったんだね。

水が安全に届くまでいろんな人が関わっているから、大切にしなきゃ。

歯をみがく時には水を止めたり、お風呂でシャワーをこまめに止めたり、やれることをしよう。

わかる教え方 Point

普段からものを大切にしようとすることを伝えられてきている子どもたち。無駄遣いは悪しき習慣であり、私たちの中でものを大切にすることの価値は脈々と受け継がれています。「水を大切にすること」は、その中の1つであり、日常生活でも意識されていることを、社会科として学ぶことの意義はどこにあるのでしょうか。それは、「水を大切にする」根拠を社会的事象に求めることです。この単元で言えば、様々な人々による工夫努力を調べ理解することによって、「僕も社会の一員として水を大切にしよう」と子どもたちが思うようになることであると考えています。

第2次　廃棄物を処理する事業について調べる〈9時間〉

時	主な学習内容	指導上の留意点
1	・生活の中でどんな時にどのようなごみが出るかを想起する。 ・自分たちのごみ出しルールについて調べる。	・家庭での食事の準備など、自分自身が直接ごみを捨てていなくても、ごみが出ていることがわかるようにする。 ・各家庭に依頼し、ごみ出しルールカレンダーなど、準備してもらったものから具体的に調べることができるようにする。
2	・それぞれのごみの出し方について聴きあう。	・一戸建てやマンションなど、各家庭でごみの出し方やルールについての違いを焦点化させ、ごみ処理について関心をもつことができるようにする。 ・分別して集めていることをおさえ、次時以降につなげていく。
3	・過去のごみ処理の状況を調べる。 ・学習問題を設定する。	・過去には大変な状況があり、計画的・衛生的に処理することの重要性に気づくことができるようにする。 ・視覚的な資料を提示するとともに、過去の現状を知る高齢者の方などの話を提示できるとよい。

【学習問題】生活から出るごみは、どのようにして処理されているのだろうか。

3	・学習問題の解決のために小さな問いを立て、学習計画を立てる。	・燃やすごみ、燃やさないごみ、資源ごみなど、それぞれがどのようにして処理されているのか、そしてその際にどのような工夫や努力があり処理されているのかの問いを設定することができるようにするが、個人差があるため期間巡視をしながら、個別に対応していく。 ・設定した問いに対して、何を用いて、どの順番で調べていくのかを自己調整し、見通しを持たせる。

生活経験をもとに語り合う姿〈第1時〉

僕のマンションでは、1階にごみ置き場があって、捨てたいときにそこに持っていけばいいよ。

そうなの？　私の家では、燃えるごみが月曜日だから、そこまでごみを捨てられないよ。

そういえば、お母さんは生ごみは流しの奥で粉々にして流れていってると言ってたなあ。

Point わかる教え方

子どもたちの学びの原動力は「違い」だと考えています。子どもたちは、自分の状況が当たり前だと思い込んでいます。他者との違いが「なぜ?」「そうなの?」とつながり、見方を広げていきます。本小単元では、ごみの出し方の違いを取り上げます。ごみの出し方は各マンション、各家庭で違いがたくさんあり、面白いのです。その違いが、他者の状況を聴き、自分との違いを発言することになり、対話的な授業につながります。

時	主な学習内容	指導上の留意点
4・5・6	・清掃工場、資源ごみセンター、不燃ごみ等それぞれの処理施設についての取り組みを調べる。 **個別的な学び**	・教科書、資料集、あらかじめ教員が用意した資料、インターネットなどから自身の端末を活用し、調べることができるようにする。 ・まとめる際には、だれがなんのためにどんな取り組みをしているのかがわかるようにまとめさせる。 ・処理されたごみがどこへ埋め立てられるのか、具体的な場所を地図帳やグーグルアース等で調べるよう指示する。 ・資源が有効活用され、その取り組みによりごみが減ってきていることがわかるようにし、自身の行動変容への足掛かりになるようにする。 ・調べたことをお互いが見合うことができるような環境を整える。
7	・学習問題について調べたことについて自分なりにまとめる。	・様々な場所でいろんな人が工夫・努力をして・調べたことをお互いに交流しながら、作成することができるようにする。 ・ワークシートを用意し、支援が必要な子には必要に応じて提示する。
8	・今までの学習をもとに自分たちにできることを話し合う。	・様々な場所でいろんな人が関わっていたことを想起させる。 ・単に「ごみを出さないようにしたい」という発言だけでなく、なぜそう思ったのかと問い、根拠を示させる。

時	主な学習内容	指導上の留意点
9	・ごみを減らすことについてできることを出し合う。 ・レジ袋の良い点について考える。 ・「法ときまり」に対して、自分たちがもつ行動の「権利」と照らし合わせて考える。 **協働的な学び** 	・子どもたちに自由に発言させ、出てこなければ、教員側から提示し、「レジ袋」に焦点化する。 ・レジ袋が有料になった経緯が法によるものだということがわかるように説明し、子どもたちが「エコバッグを使うべきである」と、あえて一面的な思考になるように促す。 ・エコバッグは繰り返し使わないと環境負荷につながらないこと、デザインや利便性を追究した多種多様なエコバッグが氾濫し、商品化されていること、レジ袋はもともと余り物を使っていること、レジ袋に関する会社が苦境に立たされていることなど様々な事実を提示する。 ・最後に自身のエコバッグやレジ袋に対する考え方を聴きあう。どちらを善しとしてもよいが、その根拠を問うようにする。

Point わかる教え方

　生活社会において、自分たちができることには限界があり、企業や行政が担うこともあります。しかし、それらの決定に従っているだけでは、主体的な市民にはつながりません。「自分たちができること」だけでなく、「社会が行っていること」に対しても選択・判断していく必要があると考えています。

　また、我々にはどのように考え（判断）、どういう行動をとるのか（選択）という権利があります。それは、行政の施策を鵜呑みにし、そこから判断することではありません。メリット・デメリットを吟味しながら、よりよい社会をともに作っていくために、自身がすべきことやできることは何かと自己内対話をし「選択・判断」することが重要であると考えます。

③ 自然災害から人々を守る活動

自分事として捉え、行動する「防災」

地域へ発信！　防災パンフレットを作ろう！

執筆者：吉村泰典

❶ 特徴 ―「自分事」として捉えるために ―

（1）形だけの防災教育からの脱却

> 　今回の学習を通して、水害のこわさがわかりました。家でできる対策について家族で話し合ってみたいと思います。

　「防災」の単元で、このような児童の「ふりかえり」の記述を見たことがないでしょうか。一見、問題のなさそうな児童の記述ですが、指導者としてこのように疑ってみる必要があります。

- ・本当に水害のこわさを理解することができたのだろうか。
- ・本当に家で対策について話し合っているのだろうか。
- ・話し合うだけでなく、家族で真剣に考え、具体的な行動をしているだろうか。

　つまり、知識を習得し、教室の中だけで学習を完結させるのでなく、「自分たちにできることは何か」について子どもたちが真剣に考え、それを実際の社会の中で生かせるような取り組みを展開していく必要があるのです。
　そこで本単元のポイントになることは、児童が防災についてどれだけ「自分事」として捉えられているか、ということになります。

（2）「自分事」として捉えるためのポイント

本単元のデザインをする際に、まず地震、水害、火山、雪害などの様々な自然災害の中から、何を主教材として取り上げるのか、またどの事例地を取り上げるのかを選択する必要があります。その際、児童が住んでいる地域でリスクが高い自然災害を教材として取り扱うのがベストです。

教科書を見ると、東京書籍では静岡県浜松市を事例地に地震を、日本文教出版では東京都杉並区を事例地に水害を取り上げています。しかし、遠く離れた地域の事例を取り扱って「自分事」として捉えさせることは難しいでしょう。また副読本も、自分たちの校区にとって必ずしもリスクが高い自然災害を主教材として取り扱っているとは限りません。そこで、教科書や副読本だけでなく、自治体が発行している資料やICTの活用、またゲストティーチャーの力を借りるなどし、自分たちの地域の実情にマッチした教材を取り扱うことが、「自分事」として捉えるための第一歩となります。

❷ 資料の作り方

（1）資料作りの考え方

授業で使う資料作りの基本的な考え方は

---

① 右脳を刺激する資料（イメージを膨らませる資料）

② 左脳を刺激する資料（数字・データなどを捉えさせる資料）

この2種類を意識的に使い分け、効果的に活用していくことです。

　経験の少ない児童にイメージをもたせることが非常に重要であり、具体的なイメージをもつことが学習意欲の向上につながります。しかし社会的事象について正しく捉えるには、イメージだけでなく、数字やデータも不可欠です。これらを車の両輪のように、学習の局面に合わせてバランスよく組み合わせていくことが資料作りのポイントとなります。

（2）右脳を刺激する
ポイント①　写真や動画を活用する。

　児童にイメージをもたせるために、画像・映像資料は最も有効です。画像資料を用意する際は、指導者がその場所に行って取材をし、実際に写真を撮るのがベストです。その資料の発する無言のメッセージを感じ取ることで、その資料を使って児童に何を捉えさせたいのか、指導者自身のイメージを膨らませることができるからです。しかし、実際はすべての場所に取材に行くことは不可能です。そこで、インターネットを活用し、資料を集めることも有効です。こうして集めた資料をPowerPointでスライドにまとめ、児童に見せるとよいでしょう。

ポイント②　人の顔を見せる。

　画像資料を見てイメージを膨らませることは大事ですが、同時に「人の顔を見せること」で、そこに一人一人の人間が関わっていることも捉えさせたいです。例えば、震災の被害では「何千人の方が亡くなった」と言われますが、一人一人の方に名前があり、大切な家族や友人がいるということを捉えられるよう、語り部の方の話を聞いたり、絵本を紹介したりする学習活動が考えられます。防災についても同様で、地域の方や、県庁の方など、防災に関わる人々の生の声を届けるなどして、可能な限りそこに関わる人々の顔を見せることが重要です。ゲストティーチャー、ビデオ出演、それぞれの特性を踏まえ、単元に組み込んでいきましょう。

	メリット	デメリット
ゲストティーチャー	・生の声を届けることができる。 ・その場で質問ができる。	・来ていただくのが大変。 ・事前の打ち合わせを綿密にしておかないと話が逸れる場合がある。
ビデオ出演	・編集ができるので、内容の精選が可能。 ・字幕を入れることができる。 ・翌年以降も使うことができる。	・一方通行になりがち。 ・編集作業が大変。

（3）左脳を刺激する

　社会科においては、具体的な数字で世の中を捉えることは重要です。本単元であれば、過去に起きた災害や、今後想定される災害について、死者・行方不明者、負傷者、被害総額、またそのような災害が今後どれくらいの確率で起きるのか、などについて具体的な数字で捉えられるようにしたいです。基本的には教科書や副読本に記載されている情報を活用しますが、もし地域の実態にあったものがなければ、市町村や都道府県が発行している防災パンフレットやHPに記載されている情報を活用するとよいでしょう。また市町村が発行しているハザードマップの活用も考えられます。とはいえ児童が、一番興味があるのは「自分たち」です。いかに児童の生活に近い資料を見つけられるかが、「自分事」として捉えさせるカギとなるでしょう。

❸ ICT 活用のポイント

(1) ロイロノートの活用で資料を見やすく

　社会科は授業で扱う資料が多いことが特徴です。これまでは用意した資料を
ノートに貼ったり、ファイルに綴じたりすることが多かったですが、以下のよう
にロイロノートのカードを使って資料を整理すると便利です。

第9時：大地震から自分たちの命を守ることはできるだろうか。

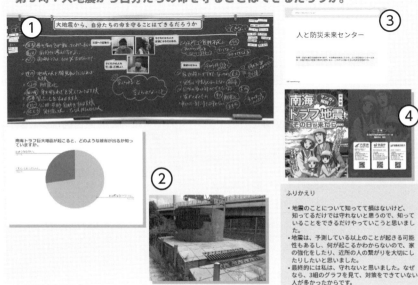

①板書の写真

　　→欠席児童やノートを写すことが苦手な児童に有効。

②画像や表、グラフなどの資料

　　→枚数に制限がない。カラーで見ることができる。拡大できる。

③インターネットのサイトのリンク

　　→児童がスムーズに調べ学習を行うことができる。

④パンフレットなどの PDF 資料

　　→数に限りのある資料も PDF で配布すれば 1 人 1 冊配布できる。

　このようにロイロノートの活用は、資料が見やすい、準備の手間を省くことができるなど、メリットが非常に多いです。しかし、従来から使っていたノートやワークシートも有効なツールであることは変わりありません。目的に応じて使い分けていくことが重要です。

（2）GoogleForms の活用でデータの分析が簡単に

　GoogleForms の活用も、社会科で有効です。アンケートの作成は非常に簡単で、回答後、自動的にグラフなどにまとめてくれます。本単元では自然災害に対する考えや、備えの実態についてのアンケート調査を行う活動が考えられます。実際に家庭で保護者の方にこのアンケートに回答してもらうことで、自分たちと自然災害の関係について実感することができるはずです。また４年生の「水」「ごみ」の単元、５年生の「食料生産」の単元などでは、単元の導入でアンケートを活用して実態調査をし、そこからわかった課題をもとに学習問題を作り上げていく、といった活動も考えられます。他にも、授業後のアンケートで指導方法の改善に役立てたり、めあての達成度について児童自身に振り返らせたりする活動も考えられます。

　以上のように、GoogleForms は手軽にデータを分析できるツールとして有用です。教科書や副読本にも様々なグラフが載っていますが、自分たちの生活に即したデータを、自分たちで集め、分析できることは、社会科において非常に魅力的なことです。

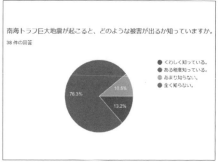

❹ 単元の展開例

各時の展開例〈11 時間扱い〉

時	主な学習内容	指導上の留意点
1	・阪神・淡路大震災の資料を見る。	・動画や画像、音楽、絵本など様々な資料を活用し、地震のこわさを実感させる。 ・具体的なデータで捉えるとともに、一人の命の重さも感じさせるようにする。 ・現地に震災遺構も多く残されているので取材をしてみるものよい。
2	・阪神・淡路大震災で被災された方のお話を聞く。	・地震の瞬間の話や、その後の街や人々のくらしの様子について話していただく。 ・その後の避難所生活についても多大な苦労があったことにも気づかせる。
3	・過去に県内に被害をもたらした地震について調べる。	・過去のデータより、東南海地震は 100 年～150 年に 1 回ほぼ確実に起きていることをおさえ、自分たちが地震と地震の合間を生きていることを実感させる。 ・地震が起きた時期や、規模、被害などを表にまとめさせる。 ・まとめた表を見て学習問題を設定させる。

【学習問題】大地震から自分たちの命を守ることはできるだろうか。

		・学習計画を立て、児童が学習活動に見通しをもてるようにする。 ・もし大地震が起きたとき、自分や、家族の大切な命は大丈夫なのか、予想を書かせる。

時	主な学習内容	指導上の留意点
4	・県内で想定されている地震災害について調べる。 内閣府共通ストリーミングシステム （南海トラフ巨大地震全体編）	・直下型地震・海溝型地震など、それぞれの県で想定されている地震災害について、都道府県が発行しているパンフレット等を使って調べる。 ・パンフレット等の部数が足りないときは、PDFデータにし、ロイロノートで一斉配布すると、全員が見ることができる。資料を人数分用意することは難しいので、この方法はほかの場面でも有効である。 ・動画などを効果的に使い、今後高い確率で大きな被害をもたらす地震が起こることをつかませる。 ・参考になるサイトのリンクをロイロノートで送っておくと、家でもう一度見返したり、さらに詳しく調べたりする児童が出てくる。また、どのサイトで調べたらよいかわからない、ということも防ぐことができる。

Point わかる教え方

「自分事」として捉えさせるために、児童の頭に災害をどれだけリアルにイメージさせられるかが重要です。そのために、可能であれば実際に被災された方の声を聞かせるのが理想です。地震のこわさをリアルにイメージできていれば、「自分たちの命は大丈夫なのか」という問いは児童から自然に出てくるはずなので、あとはそれをもとに「どんな地震が想定されているのかな」「命を守るためにだれがどんな取り組みをしてくれているのかな」といった課題を設定し学習の計画を立てていくとよいでしょう。

自分たちの命は大丈夫？

だれがどうやって守ってくれているのかな？

4年社会科の特徴と授業構成のポイント

時	主な学習内容	指導上の留意点
5	・市役所や県庁の備えについて調べる。	・市役所や県庁が中心となって、消防、警察、地域の協力体制を整え災害に備えていることをおさえる。【公助】 ・可能であれば市役所や県庁の方に実際に話していただくとよい。 ・市が作成している防災パンフレットやハザードマップも HP で閲覧することができるので、児童のタブレット端末を活用し、調べさせることが可能である。
6	・地域の備えについて調べる。	・防災倉庫、避難所開設、情報の発信、防災訓練など、地域が防災の中心的な役割を果たしていることをおさえる。【共助】 ・自主防災など地域の方から話を聞いたり、実際に防災訓練に参加したりするとよい。

ロイロノートを使って、授業で使う資料を1時間につき1枚のカードにまとめておくと、便利です。

時	主な学習内容	指導上の留意点
7	・家庭の備えについて調べる。	・家庭でできる備えについて調べさせる。【自助】 ・GoogleForm を使って家庭にアンケート調査をさせる。以下のようなアンケート項目が考えられる。 ・南海トラフ大地震の被害について知っていますか。 ・地震が起きた時のことについて家族で話し合うことはありますか。 ・具体的にどのような備えをしていますか。（複数回答可）など ・家庭アンケートでは「地震の怖さは知っているが、具体的な準備は後回しになっている」といった回答が多いことが予想される。 ・「割合」の学習が未習であるため、「はい」「いいえ」などシンプルな問いの方が資料として活用しやすい。
8	・学習問題についてまとめる。	・今まで学習してきたことをふまえ、「自分たちの命を守ることができるのか」考えを書かせる。

わかる教え方

「公助」「共助」「自助」の順で、児童にとって遠いところから徐々に自分に近づいていくイメージで学習を展開します。そして「共助」の学習では、可能な限り地域の方と実際に関わる場を設定します。阪神・淡路大震災の際、家屋の下敷きになり救出された人の中で消防や自衛隊などの公的機関に救出された人はわずか２％であったという資料が示すように、災害時に、自分の命を救うのは地域とのつながりです。人とのつながりの大切さについて、地域の方と実際につながることを通して感じさせることが大切です。

時	主な学習内容	指導上の留意点
9	・大地震から本当に自分たちの命を守ることはできるのか話し合う。	・二項対立の問いを設定し、これまで学習してきたことを根拠に意見を言わせる。 【できる派で想定される意見】 ・地震に備えて、県や市が協力して備えてくれているから。 ・地域の方が、防災訓練や防災倉庫などの準備をしてくれているから。 ・それぞれの家で地震に備えて家具の固定などをしているから。 【できない派で想定される意見】 ・想定外の地震が多く発生しているから。 ・家具が倒れたり、家が崩れたりすると命を失うかもしれないから。 ・家庭の備えが十分でない家も多いから。 ・話し合いの途中で、児童の思考をゆさぶる資料を提示する。例えば「家庭アンケートの結果」などは有効な資料である。 ・地震の規模は自分たちで変えられないが、自分たちの意識や行動は変えることができることに目を向けさせる。
10 ・ 11	・自分たちにできることを話し合う。	・アンケート調査の結果をふまえ、自分たちの校区の課題を出し合わせる。「地震や防災情報について知らない」「家での対策が不十分」といった課題が考えられる。 ・課題を解決するためのアイデアを出し合う。 ・次頁には、児童による作品例を示します。

パンフレットを用いた啓発活動などが考えられます。

発信に関しては、地域や県庁の方などに力を借りるとよいでしょう。

地域や家庭からフィードバックをもらうようにすると、児童が社会とのつながりを実感でき、効果的です。

・「総合的な学習」とつなげることで、教科横断的に学習していく展開も考えられる。

わかる教え方 第9時の話し合いは、学習問題について学んだことを根拠に話し合うことで、多角的に考えることを目的としています。二項対立の話し合いで、活発な意見のやり取りが行われることが予想されますが、勝ち負けを決めたり、どちらかに結論を出したりすることが目的ではありません。地震から命を守ってくれる仕組みと、それでも残る課題、両方に着目し、自分たちの行動に視点を向けさせるような学習を展開することが重要です。

④ 県内の伝統や文化、先人の働き

「過去・現在・未来」の視点を通してよりよい社会へ

未来に活かす「人々の願いや努力、課題解決の工夫」

執筆者：福井幸代

❶ 特徴 ―「過去・現在・未来」の視点を通して ―

（1）「過去」の学びを「現在」「未来」のよりよい社会に活かす

　本単元では歴史的事象に注目するあまり、学習後に「知識」として記憶に残る程度になってしまうことが多いのではないでしょうか。大切なことは、「過去」にあった出来事をただ学ぶだけではなく、その当時の課題に対して人々はどのように向き合い、どのような願いや努力があって、「現在」に結び付いてきたのか、その工夫を探ることです。そして、「未来」もよりよい社会になることを目指して、自分たちは何を考え、どのように取り組むか先人の工夫を活かして実社会に活かす視点が必要です。それこそが、本当に意味のある社会科で身に付けたい力と言えるでしょう。

　例えば、「県内の伝統や文化」の小単元では、天神祭の歴史だけでなく、現在の課題についてどのように解決していけばよいか考えます。そのときに、受け継がれてきた人々の願いや努力の理解が浅いと、安直にその時々のニーズに沿った解決案が出る可能性が高いでしょう。しかし深く理解することで、伝統や文化を大切に受け継ぐという考えと、現在の課題が解決できないという葛藤が起こり、深い議論になります。

◆ポイント

過去	▶	現在	▶	未来

直面した課題	→	解決

☞ 先人の願いや努力を考える

新たな課題	--→	解決

☞ 未来のための解決案を考える

（2）つながりを大切に ―「変わったこと」「変わらなかったこと」―

　本単元のポイントは、当時の人々の願いや努力が、現在の私たちの生活や地域の発展につながっていることを捉えることです。この単元を学習するとき、よりよい社会にするために変化してきたことだけに着目している場合が多いのではないでしょうか。ここで大切なことは、変化してきたことと、変わらず受け継がれていることのどちらにも着目することです（下の例参照）。

　そうすることで、地域をよりよくしようとした当時の人々の願いは現在の自分たちと変わらないことに気づきます。子どもたちは、過去の課題解決の方法を学ぶことが、未来の自分たちの社会をよりよくすることにもつながると感じ、主体的に取り組むことができるでしょう。

（例）淀川の付け替え

【変化してきたこと】

　　　　淀川の改修工事によって川が付け替えられた。

　　　　→洪水の被害はなくなった。

【変わらず受け継がれていること】

　　　　洪水の被害をなくそうとする人々の願い。

　　　　淀川の豊かな自然を大切にしようとする人々の願い。

　　　　→現在も「淀川河川レンジャー」など、地域の人が引き継いでいる。

（3）「多面的・多角的」に考える

　社会科の授業すべてで大切にしたいポイントは「多面的・多角的」に考えることです。経済や交通の視点など様々な視点や立場から考えることで、深い思考を得ることができます。例えば、「先人の働き」の小単元では、淀川を付け替えたことによって、洪水の被害は減りましたが、そのために自分が住んでいた土地の立ち退きを要求された地域もあります。1つの立場からだけで出来事を捉えると見えないことが出てきます。様々な立場から同じ出来事を捉えることで、感じ方が異なることに気づかせましょう。

❷ 資料の作り方

（1）地図で比較—地域に残る石碑や銅像—

　資料の１つとして、地図帳の活用は大切です。しかし、授業の中で地図帳をどのように使えばよいか悩んでいる人も多いのではないでしょうか。そこでおすすめは、授業の導入などで活用できる資料として、地域に残る石碑や銅像に注目することです。普段あまり意識をしないかもしれませんが、このような街中にあるものも資料となるのです。

　活用の仕方の例として、「先人の働き」の小単元で２つ紹介します。１つ目は、明治十八年洪水の石碑が枚方市と大阪市にあることに注目しました。市の名前を言葉で聞いても子どもたちはイメージをしにくいですが、地図で確かめてみると、２つの市は離れていること、大阪市の石碑は現在の淀川沿いにないことに気づきます（図参照）。そこで、「なぜ離れた地域で同じ洪水を伝える石碑があるのか」という疑問が子どもたちから出てきます。２つ目は、淀川の改修工事に大きく貢

献したデ・レーケや沖野忠雄の銅像が残っていることに注目しました。デ・レーケの銅像は不動川砂防歴史公園という淀川から離れた山奥の中にあります。写真を見せた後、地図帳を使って場所を調べさせます。子どもたちからは「なぜそんなところに？」という疑問が出てくるでしょう。

　２つの例のように、こういった疑問から授業を展開することで、子どもたちの主体的な学びにつながります。そして、教師が指示をしなくても自分から地図を使って調べるようになります。

（2）年表の読み取りは着眼点を与える

　副読本の資料の中には年表が必ず出てきますが、ただ年表を見て「気づくことを話し合おう」と言っても、あまり盛り上がらないでしょう。それは子どもたちが年表をどのように見ればよいかがわかっていないからです。そこで大切なことは、どこに注目して見るか、着眼点を与えることです。

　例えば、「県内の伝統や文化」の小単元では、「天神祭は現在のコロナ禍の影響で中止しているが、同じように社会情勢を理由に中止されたことがあるのか」という視点で年表を見てみると、「中止」と「再開」に注目するので、情報を読み取りやすくなります。子どもたちが自ら探したくなる着眼点を与えることが大切です。

年	主な出来事
1873〜1880	不景気や流行病のため、船渡御が中止される。
1881	船渡御が再開される。
1938〜1948	戦争や社会の混乱のため、船渡御が中止される。
1949	船渡御が再開される。
1994	オーストラリアで披露される。

（3）今までの単元のつながりも活用

　社会科でつけたい力の1つとして、様々な事象を関連付けて捉える力があります。そこで、単元ごとに学んで終わりではなく、以前に学んだ単元の知識や見方・考え方を今回の単元にも活用することをおすすめします。

　例えば、「先人の働き」の小単元では、下に示した単元とつなげることができます。以前の単元で活用した資料をもう一度見せることで、既習の知識と今回の学習を関連付け、さらに理解を深めることができるのです。

過去の学び	本単元の学び
第3学年「市のうつり変わり」 ⇒淀川における舟の重要性を理解する	**ワンド**ができた経緯 の理解が深まる
第4学年「水はどこから」 ⇒淀川の水がどこから来るか、川と山の関係性を理解する	**砂防ダム**ができた経緯 の理解が深まる

❸ ICT 活用のポイント

（1）学校外の実社会とつなぐ

　ICT 活用によるメリットとして、学校外の人とつながりやすくなったことが挙げられます。学校外のつながりは社会科の授業において、大切にしたいポイントです。教師は授業の準備段階で、地域の資料館や博物館、図書館など、郷土の歴史について詳しく学ぶことができる場所に行き資料集めをしましょう。そこで、学芸員などの専門家と事前に打ち合わせをして、「Zoom」などを活用しやり取りできる環境を整えておくことが大切です。授業で出てきた疑問は専門家である機関にインタビューを行うことや、自分たちの考えを発信することが大切です。授業での学びを実生活に活かす活動をどの単元でも取り入れるようにしましょう。

（2）動画などの資料（デジタル副読本）

　文字や写真だけではわかりにくいことも動画を使って説明できるのは、ICT の利点です。どの地域にも副読本があると思いますが、枚方市では全国初の試みでデジタル副読本が作成されました。筆者もこの作成に携わりましたが、写真や地図などの資料はもちろん、普段子どもたちが見学をできないような施設などを360 度カメラで撮影した動画や、インタビュー動画など様々な動画資料も含んでいます。本単元では、淀川資料館の方の話を動画資料として活用しています。洪水の起こる仕組みや土砂がたまるとどんな問題が起きるか、言葉での説明と映像を組み合わせているのでわかりやすいです。他の地域では、デジタル副読本という形ではまだないかもしれませんが、資料館などが貸し出している動画や市役所広報課などがインターネット上にあげている動画など、活用できるものはたくさんあるので、ぜひ調べてみてください。

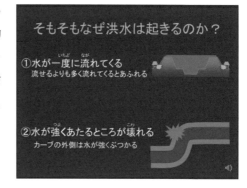

（3）資料の比較・書き込み

　社会科にとって資料は命です。ICT を活用することで資料がカラーになり、必要に応じて拡大もできるため、今までのプリント配布よりわかりやすいです。また、資料への書き込みがしやすく何度も書き直すことができることも利点です。特に地図資料などは昔と今を比較する際に活用しやすいです。例えば、「先人の働き」の小単元では、地図の中に昔と今の淀川を書き込み、その比較から気づくことや疑問に思ったことを話し合う活動を取り入れました。また、石碑や銅像の場所を地図上に書き込むことで、距離の遠さなどが視覚的にわかります。「なぜそんなところにあるのか」理由を考える際に、キーワードになりそうな言葉に印をつけ線でつなぐなど何度も書き直しながら考えることができます。

旧淀川
（大川）

大阪湾

新淀川

（4）子どもたちの考えの共有

　学んだことを実生活に活かせるように、子どもたちが考えたことを発信する活動が大切です。「ロイロノート」は発表資料作りなどにとても有効です。また、「ロイロノート」は教師から子どもたちに資料を配布するだけではなく、子どもたちから教師へも資料を送ることができるので、学習者端末を家に持って帰り、調べたことや撮影した資料を送ってくる子もいます。そこで、「ロイロノート」にある発表機能を使えば、その子の調べたことをクラス全員で共有することができます。自主的に調べてきたことを共有する場面を作ると、さらに自主的に活動する子の輪が広がります。

❹ 単元の展開例

（1）単元の展開〈20時間扱い〉

　　第1次　受け継がれてきた祭りや行事〈10時間〉

　　第2次　淀川をつくりかえた人々〈10時間〉

（2）各時の展開例

時	主な学習内容	指導上の留意点
1	・年度の異なる2つの天神祭のポスターから、共通点を探し、どんな祭りか予想を立てる。	・「天神祭」の部分を隠して提示し、何のポスターか考えさせる。 ・年度の異なるポスターを見せることで、毎年同じ日程で開催されていること、毎年神輿や舟、花火が描かれていることに気づかせる。 ・梅のマークや大阪天満宮の文字など、歴史的背景に気づくようなポスターを選ぶ。
2	・天神祭の2日間の様子を調べる。 ・大阪天満宮の宮司さんの話から、天神祭の歴史を知り、コロナ禍で苦しむ現在とつなげて考える。	・天神祭を紹介するニュース映像や副読本の写真から気づくことを話し合わせる。 ・教師が事前にインタビューを行った動画を活用し、天神祭は疫病退散のために始まり1000年以上の歴史があることに気づかせる。 ・疫病と現在のコロナ禍をつなげて考え、コロナ禍の影響で天神祭が中止されていることに気づかせる。 ・第1時の導入で活用したポスターが、実はコロナ以前のものであったことを確認する。 ・過去にも天神祭を中止した事例はあったのか、興味を持たせる。

時	主な学習内容	指導上の留意点
3	・年表を活用して、天神祭の歴史を調べる。	・副読本の年表から、現在のように疫病や不景気を理由に中止しているときもあったことに気づかせる。 ・中止しても必ず再開し、文化財への登録や海外へのPRを行うなど発展してきたことに気づかせる。
4・5	・過去の課題について解決案を考えるとともに天神祭に関わる人々について考える。	・資料やキーワードを提示することで、中止をどのように乗り越えて、現在まで続いてきたのか考えさせる。 ・大阪天満宮の宮司さんだけで成り立っているのか疑問を投げかけることで、どんな人々が天神祭に関わっているか、深く考えさせる。
	【学習問題】天神祭が1000年以上続けられた理由を探ろう。	
6	・講として天神祭を支えている方の話から、取り組み内容や現在の課題について知り、解決案を考える。	・天神祭当日だけでなく、事前に会議を行い、様々なことを取り決めるなど日頃から支えていることに気づかせる。 ・「講」の歴史は古く、地域の人々によって構成されており、お金を出し合うなどして天神祭の危機を支えてきた。また、これから先も受け継いでいきたいという願いが込められていることに気づかせる。 ・ボランティアとして天神祭を支えている人々がいることに気づかせる。 ・現在は舟の操縦をする人の高齢化、見物客が増えたことによる警備員の増加による資金不足、コロナによる中止などの課題があることに気づかせる。

時	主な学習内容	指導上の留意点
7・8・9	・天神祭の現在の課題に対して、解決案を考える。また、自分たちには何ができるかを考える。	・グループで話し合い、提案書を「ロイロノート」で作成する。 ・現在の課題に対して、コロナ禍で人が集まらなくてもできる工夫などを話し合わせる。 ・自分たちでできることとして、天神祭を広めるポスター作りなどを行う。
10	・講の方と「Zoom」でつなぎ、提案を報告する。 ・実際に現在どのような取り組みを行っているのか話を聞く。	・資金問題は、クラウドファンディングを行うなど取り組んでいることに気づかせる。 ・コロナ禍では、中止ではあるものの、神事の様子は「YouTube」で配信、花火はサプライズ花火として告知をせず打ち上げるなど、天神祭を忘れさせない工夫をしていることに気づかせる。

point わかる教え方

古くから受け継がれてきた祭りや行事には、必ずどこかで課題を克服した歴史があるはずです。その課題は時代によって変化するものですが、解決方法の考え方はいつの時代でも応用できるものです。本単元では、過去と現在の課題解決方法の主に2回、深く話し合う活動を取り入れていることがポイントです。過去の事例をじっくり考えることで、受け継がれてきた人々の願いや努力を深く読み取ることができます。そのことをふまえて、現在の課題を考えることで内容に深みが出てきます。活用した年表や写真などの資料の読み取りは、どこに注目して見るか、着眼点を与えると子どもたちの意見は活性化します。また、祭りや行事の始まりは、当時流行した疫病などが理由のものが多いのです。現在のコロナ禍における課題とつなげて考えると、当時の人々の願いや努力が子どもたちにとって身近なものとなり、興味関心を持ち調べたくなるでしょう。

時	主な学習内容	指導上の留意点
11	・自然災害伝承碑の場所を地図で確認する。 ・「明治十八年洪水碑」が2つもあることから、この洪水について調べる。 ・洪水による浸水地域を地図で確かめる。 ・昔と今の淀川の地図を比較し、気づいたことを話し合う。	・新しくできた地図記号「自然災害伝承碑」が大阪には7つあるが、そのうち2つが「明治十八年洪水碑」であることに気づかせる。 ・2つの碑の場所を地図に書き込むことで、離れた場所にあること、1つは淀川の近くでもないことに気づかせる。 ・地図から洪水の被害が広範囲に広がっていたことに気づかせる。そのため、洪水碑の場所が離れていたことに気づかせる。 ・昔は細く曲がっていた淀川が、今は太くまっすぐになっていることに気づかせる。
12	・淀川で起こった洪水の歴史を資料から年表にまとめる。 ・副読本の動画資料から、洪水の仕組みについて知る。 ・現在は昔のような大規模な洪水が淀川で起こっていないことから、なぜ洪水が起きなくなったのか理由を考える。	・当時の写真から、橋が壊れ、家の屋根まで水につかるぐらいの被害があったことに気づかせる。 ・年表にまとめる活動を通して、洪水が頻繁に起こっていたことに気づかせる。 ・洪水の仕組みを知ることで、今後の展開で出てくる改修工事のポイントにつながるようにする。 ・家族にもインタビューをしてくるように伝えると、近年は淀川で一度も洪水が起こっていないことがわかる。

【学習問題】淀川の洪水被害をなくすための工夫を考えよう。

時	主な学習内容	指導上の留意点
13	・淀川改修工事に関わったデ・レーケの銅像の場所を地図で確認する。 ・副読本の動画資料から、川に土が多いとどうなるか考える。 ・砂防ダムを作った経緯を調べる。	・不動川砂防歴史公園にある銅像の写真を見せ、なぜ淀川から離れた山奥に銅像が作られたのか考えさせる。 ・第4学年「水はどこから」の資料を活用し、淀川と木津川のつながりと、川の水は山とも関係していることを思い出させる。
14	・淀川資料館にある粗朶沈床の写真から、どのように使われたか調べる。 ・ワンドができた経緯を調べる。 ・現在のワンドは魚などの生物のすみかになっていることを調べる。	・淀川資料館にある粗朶沈床（そだちんしょう）の写真や作業の様子の写真を活用する。 ・第3学年「市のうつり変わり」の資料を活用し、淀川にとって舟が水路として重要であったことを思い出させる。そのため、淀川改修工事では、当時の蒸気船が通れる水深の確保が大切であったことに気づかせる。
15	・淀川改修工事に関わった沖野忠雄の銅像の場所を地図で確認する。 ・毛馬閘門の役割を調べる。 ・昔の淀川から現在の淀川に付け替え工事を行ったことを調べる。	・淀川河川公園にある銅像の写真を見せ、近くにある毛馬閘門の役割に注目させる。 ・第1時で活用した昔と今の淀川の地図の比較と、第2時で学んだ洪水の仕組みを関連付けて淀川の付け替え工事（なぜ、太くまっすぐにしなければならなかったのか）を捉えられるようにする。 ・淀川の付け替え工事で、元々あった土地を手放す人々がいたことに気づかせる。

時	主な学習内容	指導上の留意点
16	・「十三思昔会の碑」の写真を見せ、碑ができた理由を考える。 ・もし自分の住んでいる地域が立ち退きを要求されたらどうするか話し合う。	・昔の十三の場所と今の十三の場所を重ねた地図から、十三は淀川の工事で沈んだ地域だと気づかせる。 ・淀川の改修工事によって、地域を失う人々の立場になって考えさせる。 ・副読本の大橋房太郎の資料から、土地を手放す人々は最初納得できず説得に時間がかかったことに気づかせる。
17・18	・未来に向けてできる洪水対策を考える。	・第4学年「自然災害から人々を守る活動」で学習した「公助・共助・自助」の視点で考えさせる。
19・20	・副読本の動画資料から、スーパー堤防について調べる。 ・「淀川河川レンジャー」の方の話を聞き、安全で環境に配慮した淀川を未来に引き継いでいくために自分たちに何ができるか考える。	・「淀川河川レンジャー」の方は可能であれば学校に来てもらい、活動について話をしてもらう。 ・洪水対策という視点と、環境を守るという視点のどちらも大切にして考えさせる。

Point わかる教え方

本単元では、地図の活用をたくさん取り入れました。昔と今の比較、石碑や銅像の場所の確認をすることで、子どもたちが様々なことに気づき、主体的に取り組めます。また、改修工事の内容は難しいものも多いのですが、そこは動画資料を活用すると理解がしやすくなります。本単元では、地域に貢献した先人の働きを学習するため、良い面ばかりに注目しがちですが、立ち退きを要求された人々の立場で考えるなど、多面的・多角的に捉えることも重要です。

⑤ 県内の特色ある地域の様子 副読本・学習者端末活用

比較を通して捉える「県内の特色ある地域の資料づくり」

奈良県内の特色ある3つの地域を事例として

執筆者：島　俊彦

❶ 特徴―自分たちの住む地域と比較させる―

　県内の特色ある地域の様子について、自分たちの住む地域と比較したり地域ごとに比較したりして、県内には様々な地域があることや産業の活性化・まちづくりのために活躍する人々の営みや協力関係を捉えることが、本単元のポイントです。

　本単元では「伝統的な技術を生かした地場産業の盛んな地域」「地域の資源を保護・活用している地域（自然環境・伝統的な文化のいずれかを選択）」「国際交流に取り組んでいる地域」といった観点に沿って、学習する地域を3つ、広く県内から選択して取り上げます。

○○県の特色ある地域の様子

| 伝統的な技術を生かした地場産業の盛んな地域 | 地域の資源を保護・活用している地域（自然環境・伝統的な文化のいずれかを選択） | 国際交流に取り組んでいる地域 |

「○○県の特色ある地域が大まかにわかる」

（1）単元の導入における比較（自分たちの住む地域との比較）

　県内の特色ある地域の様子を捉えるための視点は、主に４つあると考えられます。①位置、②自然環境、③人々の活動や産業の歴史的背景、④人々の協力関係、です。

①位置 県内における位置や周囲の地域との位置関係	**②自然環境** 特色ある地域の地形や気候
③人々の活動や産業の歴史的背景 特色ある地域の人々の活動や産業のおこりや成り立ち	**④人々の協力関係** 県や市、地域住民、産業に携わる人

　このような視点を生かした学習は、第３学年における自分たちの市を中心とした地域の学習を通して、児童は既に経験してきています。そのため、今までの学習を生かすことで、自分たちの住む市の様子と県内他地域の様子を比較することで、児童が共通点や差異点という視点から地域の特色を捉えやすくなります。

　本単元は、３つの小単元によって構成されています。単元の導入となるオリエンテーションでは、地図や写真などの資料を読み取らせたり自分が知っている地域について発表させたりして、県内でも地域によって特色が異なることに気づかせたいところです。その際、教師が意図的に自分たちの住む市の様子を児童に想起させることで、児童は比較を通して他地域の特色を考えます。また、第４学年の内容（1）「都道府県の様子」の学習において、児童は自分たちの県を、①県の位置、②県全体の地形、③主な産業の分布、④交通網、⑤主な都市の位置、といった視点から捉え、地理的環境の概要を理解しています。教師が意図的に内容（1）と関連付けて本単元を指導することで、児童が既習知識や生活経験を発揮して学習に取り組みやすくなります。

　単元導入の際の具体的手立てとして、電子ホワイトボード機能をもつ「Google Jamboard」の活用をおすすめします。共同編集ができるため、学習活動を通して話し合いを活性化させることに最適です。

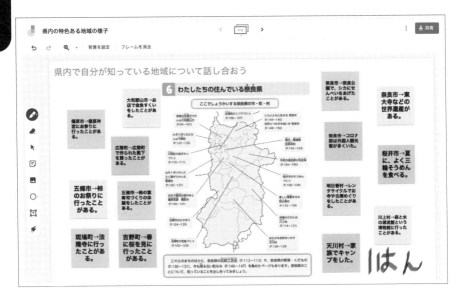

（2）単元の終末における比較（特色ある地域ごとの比較）

　学習の終末では、自分たちの市も含めた4つの地域の特色を白地図などにまとめる活動を通して、児童が比較しながら県内には様々な地域があることを捉えられるようにしたいです。

　東京書籍の教科書では学習者端末を使った4コマCMづくりが本単元の終末に位置付けられているように、まとめ方は様々に考えられます。大切なことは、まとめたものをどのように発信するかです。例えば県庁や他府県にある当該県のアンテナショップと連携し、学習成果を発信する場（社会参加）を設定します。そうすることで、児童は高い目的意識と追究意欲をもって学習に取り組むと考えます。

❷ 資料の作り方

（1）第4学年や本単元における具体的資料

　学習指導要領では第4学年の技能に関する目標が「調査活動、地図帳や各種の具体的資料を通して、必要な情報を調べまとめる技能を身に付けるようにする」と示されています。具体的資料とは「地図帳や地域の平面地図や立体地図、写真、実物など」であると解説編に例示されています。また本単元では「県庁や市役所などが作成した資料」を調べる際に活用することが解説編に例示されています。

　本単元では、学習する地域を広く県内から選択するため、それぞれの地域へ子どもが社会見学に行くことは現実的でなく、教師自身による資料集めにも限界があります。そこで、教師自身の取材による資料集めの労力を、できるだけ軽減しながら本単元の指導を効果的に展開できるようにするための手立てについて、(2)〜（5）で紹介します。

（2）県庁や市区町村役場、それぞれの地域への取材調査

　大変ですが一番効果が高いのが、県庁への取材です。大抵の場合、広報課などが県の魅力を発信する役割を担っています。そのような業務にあたる職員は、県内の特色をよく理解している場合が多いです。県庁への取材によって、教師自身が県内にはどのような特色ある地域があるのかを再発見することにもつながります。そのことが、学習する地域を選択する際の判断基準となります。

　次に、市区町村役場への取材です。それぞれの地域において産業の活性化やまちづくり業務担当職員への取材を通して、具体的な取り組みの様子を把握することができます。

　最後に、それぞれの地域（現地のひと・もの・こと）への取材です。実際に産業の活性化やまちづくりに携わる「ひと」や、特徴的な「もの・こと」に教師が出会うことで、現地の人々の生活の様子について児童が捉えられる資料を集めることができます。

（3）地図帳のイラスト

　地図帳には、各地域の伝統的な産業製品や、有名な生産物が描かれた小さなイラストが載っています。例えば、金魚の生産量が全国でも有数の奈良県の大和郡山市には金魚のマークが、柿の生産量が日本一の五條市には柿のイラストが載っ

ています。地図帳を使って位置を調べた児童は、この小さなイラストに気づきます。そのタイミングで、「どうして、大和郡山市には金魚のイラストが載っているのかな？」などと発問することで、その地域を調べてみたいという、児童の追究意欲を高めることができます。

（4）県庁や市役所が作成した資料

　県庁や市役所では、その県や市の概要や魅力を発信する資料（パンフレットやポスターなど）を発信しています。それらは多くの場合大人向けであるため、授業で提示する際には加工が必要となります。しかし、子ども向けの資料を作成している自治体も多くあります。入手する際には、直接問い合わせてみることをおすすめします。ホームページにも同様の資料や、紹介動画などが掲載されていることが多いため、学習者端末を活用した調べ学習に活用させたいです。例えば奈良県では県庁の観光プロモーション課と県内20市町村が連携して各市町村の魅力を発信する替え歌の動画を制作して、YouTube にアップしています。そのような資料は児童にとってもわかりやすく、繰り返し視聴することができる優れた資料であるため、ぜひ活用したいものです。

（5）各市区町村の地域副読本

　県内他地域の特色について調べる際におすすめしたいのが、各市区町村で使用されている地域副読本を、資料として活用することです。

　副読本は児童に必要な情報を集めさせたり読み取らせたりするのに最適です。最大のメリットは、中学年児童の発達段階に応じて作成されている点です。各市区町村の副読本は県の教育センターや社会科の教科等研究会で所管されていることが多いので、問い合わせてみることをおすすめします。

❸ ICT 活用のポイント

（1）資料の提示

　学習者端末を使って、資料に何度も繰り返しアクセスできることが、社会科学習における ICT 活用の最大のメリットであると感じています。これまで、教師が苦労して作成したインタビュー資料も、多くの場合児童に一度見せたきりになってしまっていたのではないでしょうか。現在は学習者端末に資料を配信できるようになったことで、児童が必要に応じて資料を選択して、繰り返しアクセスできるようになりました。

　メリットを活かすためにも、例えばロイロノートの「資料箱」機能を使い、単元ごとに整理して、資料を蓄積していきたいです。社会科の授業はもとより、授業以外の時間や学習者端末を持ち帰っての自宅学習の場面など、いつでもどこでも児童が資料にアクセスできることで、社会的事象について調べまとめる技能を身に付ける機会をより多く確保することができます。

❹ 単元の展開例

（1）単元の展開〈20時間扱い〉

第1次　導入（オリエンテーション）〈2時間〉

第2次　金魚の生産が盛んな大和郡山市〈5時間〉

第3次　日本一の柿のまち五條市〈6時間〉

第4次　世界とつながる奈良市〈5時間〉

第5次　終末（学習成果のまとめ・発信）〈2時間〉

（2）各時の展開例

時	主な学習内容	指導上の留意点
1	・奈良県の地図や写真から、県内で自分の知っている地域について発表し、感じたことを話し合う。	・「Jamboard」を使って、知っていることが書かれたデジタルの付箋を白地図のデータ上に貼らせたい。児童の気づきや問いを生む資料となることが考えられる。 ・第3学年や、第4学年内容（1）での学習を想起させ、自分たちの住む市と比較するという意識を児童にもたせたい。
2	・奈良県の魅力を県内外に発信している方々とのWeb会議を実施し、本単元学習の見通しをもつ。	・東京にある奈良県のアンテナショップや県庁職員の方から、奈良県の魅力を発信するよう課題を投げかけてもらうことによって、児童の目的意識や追究意欲が高まることを期待したい。
3	・金魚をモチーフにしたものの写真などから疑問を出し合い、学習問題をつくり、学習計画を立てる。	・大和郡山市にあるモニュメントやマンホール、全国金魚すくい選手権大会などの写真、「金魚のまち大和郡山」と書かれたのぼり旗の実物を提示し、学習問題の設定につながる児童の問いを醸成したい。

【学習問題】大和郡山市は、なぜ、「金魚のまち」なのだろう。

時	主な学習内容	指導上の留意点
4	・金魚の養殖の様子について調べる。	・Google マップで土地利用の様子を調べさせ、市内に養殖池が多数あることに気づかせたい。 ・大和郡山市の金魚の生産数や販売数を示すグラフから、全国有数の金魚生産地であることに気づかせるとともに、養殖の仕方について調べようとする追究意欲をもたせたい。
5	・金魚の養殖が盛んになった理由を調べる。	・金魚の養殖業者の方に話を聞いたり、市役所が作成したパンフレットで調べさせたりして、「金魚のまち大和郡山」となった歴史的背景を捉えさせる。
6	・金魚を生かした大和郡山市のまちづくりの様子について調べる。	・全国金魚すくい選手権大会が 25 年以上続けられている理由や、まちの至る所に金魚をモチーフにしたものが設置されている理由について、市役所の方に話を聞き、児童が市としての取り組みを捉えられるようにしたい。
7	・学習問題の解決を図る。	・調べてきたことを白地図などにまとめさせる。 ・学習問題「大和郡山市は、なぜ、『金魚のまち』なのだろう」に対する自分の考えを記述させ、大和郡山市の金魚とそれを養殖する人や、市役所との協力関係などについて話し合わせる。

本小単元では、伝統的な技術を生かした地場産業が盛んな地域の事例地として、「金魚の生産が盛んな大和郡山市」を選択しました。大和郡山市と金魚の関わりの事例は、NHK for School のクリップ動画でも視聴することができます。各学年の学習に応じて質の高い動画を視聴することができる NHK for School は、授業をする上で大きな味方です。各番組と共に、クリップも活用されることをおすすめします。

時	主な学習内容	指導上の留意点
8	・「日本一の柿のまち五條市」と書かれた看板の写真などから疑問を出し合い、学習問題をつくり、学習計画を立てる。	・「柿」と書かれた部分にブラインドをかけ、何が日本一なのかを考えさせる。 ・地図帳で五條市を調べさせ、柿のイラストが描かれていることに気づかせる。 ・柿の収穫量や作付面積の推移を示すグラフなどの資料から、五條市は県内の柿の80%を生産していることや、全国の市町村の中で最も柿の生産量が多い自治体であることを捉えさせる。

【学習問題】五條市では、なぜ、柿づくりが盛んなのだろう。

時	主な学習内容	指導上の留意点
9	・柿づくりの様子について調べる。	・Googleマップで土地利用の様子を調べさせ、五條市は山がちな地域であり、斜面が多くあることに気づかせたい。 ・柿づくりをされている農家の方に話を聞いたり、市役所が作成したパンフレットで調べさせたりして、五條市の気候や地形が柿づくりに適していることを捉えさせる。
10	・柿づくりに携わる人々の活動の様子について調べる。 五條市にある柿博物館	・柿博物館の写真を提示し、この建物を所有する奈良県果樹・薬草研究センターの働きや役割に着目させる。 ・柿の生産者と果樹・薬草研究センターの職員が柿づくりの実地研修を行っている事実を調べたり、柿の加工品業者の方に話を聞いたりして、五條市では様々な立場の人々が柿づくりに携わっていることを捉える。

時	主な学習内容	指導上の留意点
11	・柿を生かした五條市のまちづくりについて調べる。	・柿の里まつりを主催する JA の職員や、県内外のイベントなどで五條の柿を PR する市役所の方から活動の内容や取り組む理由について話を聞き、様々な立場の人々が柿を生かしたまちづくりに携わっていることを捉えられるようにしたい。
12	・柿づくりの課題について調べる。	・生産者の方のインタビュー資料から、近年の気候変動や獣害、後継者不足の問題によって柿づくりの持続可能性が問われているという五條市の課題を児童に捉えさせる。 ・今後も五條市が日本一の柿のまちであり続けるために、誰がどのようなことをしていけばよいかについて話し合わせる。
13	・学習問題の解決を図る。	・調べてきたことを白地図などにまとめさせる。 ・学習問題「五條市では、なぜ、柿づくりが盛んなのだろう」に対する自分の考えを記述させ、五條市の柿を生産する人や、柿を生かしたまちづくりを進める多様な立場の人々の協力関係について話し合わせる。

本小単元では地域の資源（自然環境）を保護・活用している地域の事例地として、「日本一の柿のまち五條市」を選択しました。ここでは、地形や気候を上手く生かした柿の生産が行われていることを児童に捉えさせたいです。また、生産者のみならず、市役所、JA、加工業者、県の果樹・薬草研究センターなど、様々な立場の人々が協力して柿を生かしたまちづくりを進めている事実から、人々の協力関係を関係図などに表現させて捉えさせたいものです。

時	主な学習内容	指導上の留意点
14	・「キャンベラ奈良平和公園」の写真から疑問を出し合い、学習問題をつくり、学習計画を立てる。	・公園の看板や園内に奈良市から寄付された春日灯篭が設置されている写真、世界地図などの資料から、奈良市とキャンベラのつながりについて調べようとする追究意欲をもたせたい。
	【学習問題】奈良市では、どのような国際交流が行われているのだろう。	
15	・キャンベラがどのような都市なのかについて調べる。	・地図帳を使って、取り上げた外国（オーストラリア）の名称、位置、国旗、地形、主な産業の様子などについて調べさせる。 ・奈良市とキャンベラが結ぶ「姉妹都市」という言葉の意味を捉えさせる。 ・市役所の方の話から、トニ・グリン神父の働きが提携に大きな役割を果たしたことを捉えさせる。
16	・姉妹都市の提携を結んだ経緯や、提携後の交流の様子について調べる。	・年表（「姉妹都市提携の歩み」）を使ってトニ・グリン神父の功績を追究させることで、姉妹都市となった経緯を捉えさせる。 ・市役所の方の話から、交流の具体的な内容や取り組み、キャンベラ以外にも姉妹都市・友好都市があることを捉えさせ、国際交流の意義を考えさせる。
17	・奈良県と外国とのつながりについて調べる。	・奈良を訪れる外国人観光客の写真や人数の移り変わりを示すグラフ、県内で働く外国人の写真や住んでいる人の数を提示したり、外国から来た方の悩みや奈良県外国人支援センターの方の話を聞かせたりして、交流を続けるために大切なことについて話し合わせる。

時	主な学習内容	指導上の留意点
18	・学習問題の解決を図る。	・調べてきたことを白地図などにまとめさせる。 ・学習問題「奈良市では、どのような国際交流が行われているのだろう。」に対する自分の考えを記述させるとともに、外国の人との交流をさらに盛んにしていくためにはどうしたらよいかを話し合わせる。
19	・奈良県の特色ある地域の様子について、調べてきたことをまとめ、表現方法を選択する。	・ロイロノートのシンキングツールを使い情報を整理し、自分たちの住む地域を含めた4つの地域の様子を比較し、特色を捉えられるようにする。 ・アンテナショップや県庁職員の方から単元の導入で投げかけられた課題について、奈良県の魅力を発信するための表現方法を選択させる。
20	・奈良県の魅力を県内外に発信している方々とのWeb会議を再度行い、本単元学習の成果物を提案する。	・成果物が展示できるレベルにあるかどうか評価してもらったり、意見をもらったりすることを通して、児童を社会参加へと誘いたい。 ・成果物の作成には、休み時間や家庭学習も活用する。

Point わかる教え方 本小単元では国際交流に取り組んでいる地域の事例地として、「世界とつながる奈良市」を選択しました。ここでは、国旗を尊重する態度を養うことが求められています。外国の名称と位置、国旗の指導については、隙間時間などに取り組めるアプリ「あそんでまなべる国旗クイズ」がおすすめです。

あ と が き

　私には、反省していることがあります。それは、学習指導要領通りで、学習指導要領を具現化した授業こそが、最も優れた社会科授業だと思っていた時期があったことです。

　確かに、国が定めた学習指導要領ですから、そこから逸脱した授業ばかりだと、公立学校では法令違反になってしまいます。しかし、学習指導要領が存在するにもかかわらず、各教室で異なる社会科授業が展開されているのはなぜでしょうか。「子どもが異なるから」との意見は、答えのひとつといえます。加えて、教師1人1人の「『社会科観（いい社会科の授業とは）』が異なるから」だといわれています。「社会科観」を考慮に入れると、学習指導要領を具現化するといっても、そんなことはそもそもできないのではとさえ思えてきます。

　本書で提案している授業も、執筆者の「社会科観」が多分に含まれています。そのため、本書を絶対視せず、本書の提案を「下敷き」としつつ、ご自身の「社会科観」や、目の前の子どもの現状を踏まえながら、どんどんアレンジしていただければ本望です。加えて、本書を参考にしていただいたことで、浮いた時間を研究や修養の時間、子どもと触れ合う時間、そしてプライベートの時間等に回していただきたいとも思います。

　最後になりましたが、勤務時間を越えてご連絡いただいた樋口雅子様、学部・院時代の恩師である峯明秀先生からは、多くのご助言と刺激をいただきました。また、本書の姉妹本である「5・6年本」を編集された佐々木英明先生を加えた4名で、2022年1月1日からプロットに関する連絡をさせていただきました。共著者の先生方には、たいへんタイトな日程でご執筆いただきました。本書に携わっていただいた皆様に、心より感謝申し上げます。

令和4年9月　　　山方貴順

◎執筆者一覧

峯　明秀　　大阪教育大学教授
山方貴順　　奈良市立都跡小学校
吉村泰典　　奈良市立六条小学校
清水雅代　　生駒市立生駒台小学校
中澤哲也　　平群町立平群北小学校
島　俊彦　　大牟田市立吉野小学校
岩坂尚史　　お茶の水女子大学附属小学校
小野太郎　　伊丹市立摂陽小学校
福井幸代　　枚方市立菅原小学校
向山綾香　　大阪市立聖和小学校
今　伸仁　　弘前大学教育学部附属小学校

※ 2022 年 9 月現在

［監修者紹介］
峯 明秀（みね・あきひで）
大阪教育大学教授
1963 年香川県生まれ。広島大学大学院教育学研究科修了、博士（教育学）
2014−2018 年 大阪教育大学附属平野小学校校長（兼任）
2022 年 大阪教育大学連合教職実践研究科主任
価値判断・意思決定・社会参加をキーワードに授業改善・評価研究を展開している。
主な著書に『社会科授業に SDGs 挿入ネタ 65』（共編著）学芸みらい社／『子どもと社会をつなげる！見方・考え方を鍛える社会科授業デザイン』（共編著）明治図書／『社会科授業改善の方法論』（単著）風間書房 などがある。

［編著者紹介］
山方貴順（やまがた・たかのぶ）
奈良市立都跡小学校教諭。著書に、『見方・考え方を鍛える社会科授業デザイン』（分担執筆）明治図書、『社会科授業に SDGs 挿入ネタ 65』（分担執筆）学芸みらい社　などがある。

学習者端末　活用事例付
社会科教科書のわかる教え方 3・4年

2022年11月15日　初版発行

監修者　峯　明秀
編著者　山方貴順
発行者　小島直人
発行所　株式会社学芸みらい社
　　　　〒162-0833　東京都新宿区箪笥町31番　箪笥町SKビル3F
　　　　電話番号 03-5227-1266
　　　　https://www.gakugeimirai.jp/
　　　　E-mail : info@gakugeimirai.jp
印刷所・製本所　藤原印刷株式会社
企　画　樋口雅子／協力　阪井一仁
校　正　菅　洋子
装　丁　小沼孝至
本文組版　橋本　文